U0625444

创新思维下的数学教学探究

张海花 著

吉林教育出版社

图书在版编目（CIP）数据

创新思维下的数学教学探究 / 张海花著 . — 长春：
吉林教育出版社 , 2019.8 （2021.8重印）
ISBN 978-7-5553-7508-1

Ⅰ . ①创… Ⅱ . ①张… Ⅲ . ①数学课—教学研究—中
小学 Ⅳ . ① G633.602

中国版本图书馆 CIP 数据核字 (2019) 第 187398 号

CHUANXIN SIWEI XIA DE SHUXUE JIAOXUE TANJIU

创新思维下的数学教学探究

著　者　张海花		
责任编辑　王　威	装帧设计　飒　飒	

出版发行　吉林教育出版社
　　　　　（长春市同志街1991号　　130021）
印　　刷　三河市元兴印务有限公司

开　本　880mm×1230mm　1/16
印　张　4.625
字　数　200千字
版　次　2020年6月第1版
印　次　2021年8月第2次印刷
定　价　55.00元

如有印装质量问题，请直接与承印厂联系调换

前　　言

　　21世纪的今天，国际竞争的核心将是知识创新能力的竞争，成功将会取决于谁拥有更多的"创新型"人才。当今，社会已经进入了知识经济时代，传统的教育由于过于严谨，很难适应时代发展。创新是历史进步的动力、时代发展的关键。创新能力关乎一个民族的兴旺发达，而数学教育作为培养学生创新思维的重要路径，向来被称为思维的体操，在学生思维能力的培养中占有重要地位。数学这门学科具有严谨性和科学性，对开拓思维非常有益，同时还能通过数学对学生的创造力进行培养。在教学实践当中，培养学生创造思维，引导其不断发现和认知，逐渐形成独立的数学思维和创造思维，进而让学生运用创造思维处理实际问题，不断提高自身的创新能力与实践能力，培养创造力。创造思维就是一种在前人、常人的基础上有新的见解、新的发现、新的突破的思维，是与众不同的思考。数学教学中所研究的创造思维，一般是指思维主体自身的一种新颖独到的思维活动，它包括发现新事物、提示新规律、创造新方法、解决新问题等思维过程。在数学教学中培养学生的创造性思维是时代的要求。要培养学生的创造性思维，就应该有与之相适应的、能促进创造性思维培养的教学方式。

　　本书围绕创新思维下的数学教学进行探究，在内容编排上共设置五个章节，分别是创新思维认知、小学生的创新思维培养解读、小学数学教学的理论透视、基于课堂环节的小学教学设计分析、小学数学教学中思维导图有效运用策略研究。

纵观本书具备以下特点：首先是从基本理论入手，进行分析，使内容通俗化、简单化；其次，采用"案例引导、理论解释"形式，将数学教学中的学科知识、教育理论与教育实践相结合，使创新思维在教学中充分展现；最后图形和理论结合，更好地分析思维创新中的导图结构。

本书在编写的过程中得到许多专家学者的指导和帮助，在此表示诚挚的谢意。书中所涉及的内容难免有疏漏与不够严谨之处，希望专家和读者能够积极批评指正，以待进一步修改。

作者

2019 年 3 月

目

contents 录

第一章　创新思维认知

　　创新思维是通过重新组织已有的知识经验，提出新的方案或程序，并创造出新的思维成果的思维方式。在深入开展素质教育的今天，创新思维不再令人陌生。小学生创新思维的培养是时代发展的需要。本章结合创新思维的内涵、创新思维的主要特征及如何培养教学的创新思维展开探讨。

第一节　创新思维的内涵与基本特征

一、创新思维的概念

　　创新思维根据不同的主体对象就会有不尽相同的解释和要求。对于学生来说，创新思维主要体现在：学生敢于质疑、善于质疑、敢于推陈出新和不迷信权威；有广阔的思维空间，具有直觉思维、求异思维、发散思维、归纳思维等多种思维能力；有进行科学创新所必备的基础知识，即大纲所要求掌握的知识；有能经受挫折，为创新而寻根问底、百折不挠、不达目的不罢休的坚韧不拔的精神。

　　创新思维强调的是不因循守旧，不生搬硬套，不固步自封。创新思维鼓励打破旧的框架的束缚，提倡新思想新观念的产生和运用，倡导多方面多角度地分析问题和解决问题。

　　创新思维并不是科学家或某些人的专利，小学生也具有创新思维。科学家的创新思维主要指向探索人类的未知，而小学生的创新思维主要指向继承人类的已知。对小学生而言，只要不是模仿照搬别人的做法，而是运用自己已有的知识经验得出结果；只要是经过独立思考，在教师讲授或自己学习的基础上有新的认识和见解；只要是能发现不同于教科书、不同于教师的解题方法和学习方法；只要是能运用已知解决实际问题且具有一定的新颖性和独特性，均属创新思维范畴。

二、创新思维的主要特征

虽然目前对创新思维的研究还未能得出一个比较严谨的科学定义，但是通过对创新思维内涵的分析，结合国内外对创新思维评价的相关研究，创新思维具备以下三个基本特征：

（1）主动性。创新思维的主动性是指在进行思维活动时的积极性。思维是人脑的活动，是人脑对外界事物的反映。创新思维的主动性，反映了思维主体的精神状态与精神面貌。如果离开了创新思维的主动性，所进行的思维活动是不具有生命力的，是被动死板的。

（2）独创性。创新思维的独创性是指能与众不同地在已有知识的基础之上建立新的联系，运用不同一般的方法产生比较独特设想的思维活动，主要体现了思维的深度。独创性是创新思维培养的最根本的要求，但却是比较难达到的。思维独创性的培养，可以通过发散思维、求异思维、逆向思维等多种途径来进行。

（3）灵活性。创新思维的灵活性是指能在比较广阔的范围内给已有的知识建立新的联系，即多方向、多角度思考问题的灵活程度，常以短时间内表达出观点和设想的类别来计量，主要体现了思维的广度。思维灵活性的培养首要要建立在发散思维的基础上，其次可以通过各种形式的训练活动来增强思维的灵活性。

创新思维的主动性、独创性和灵活性，为创新思维的评价提供了很好的依据，为创新思维的培养指明了更加具体的方向。应该明确，创新思维与其他思维并不是对立的，也就是说主动性、独创性和灵活性并不是创新思维独具的，其他思维形式也可以具备这三个特征，只不过这三个特征是创新思维最突出的特征。

三、影响创新思维的主要因素

任何思维的发展都是要受到一定的主观和客观因素影响的，创新思维的发展也不例外。影响创新思维发展的因素多种多样，而且同一因素对创新思维的发展可能会因为时间地点等具体条件的变化而产生促进或阻碍的作用。总体来说，影响创新思维发展的主观因素主要包括性格、动机、兴趣、韧性、情感等；客观因素主要包括智力因素、遗传因素、环境因素等。在环境因素中，社会、学校和家庭是影响创新思维的三个主要因素。要从学校教育因素的角度来进行分析和阐述，在学校教育中，学生之间相互启发带动、集思广益的能力，学生个体的联想与想象能力，学生个体的问题质疑能力是学校教育在培养学生创新思维时需要给予重点锻炼的。如图 1-1 所示。

图 1-1　创新思维的影响因素

人类思维的发展不是凭空产生的，创新思维的发展同样也是如此。面对问题，学生如何才能更好地分析和解决它，尤其是能够从多方面多角度提出问题的解决方法，这不仅需要学生个体原有知识的帮助，同时也需要同学之间在解决问题的过程中互相启发、集思广益。同学之间在对同一个问题进行思考的时候，不同的人可能有不同的出发点，对问题有不同的认识，这样可以从深度和广度上最大限度地对问题进行剖析。学生们在这个过程中是处在一个群体当中的，这使得每个学生在群体中发现了他人思维的闪光点，可以弥补自身思维的不足之处，既开阔了学生个体的思维，又使学生体会到了一种群体的归属感，同时满足了学生在情感上发展的需要。

联想和想象是意思比较相近的一对词语。联想与表象的相似因素有关，即由某一事物想到另一事物的心理过程。想象是人脑对已有表象进行加工、改造形成新的形象，或根据语言文字的描述形成有关事物的形象。前者是创造性想象，后者是再造性想象。联想和想象都是形象思维。形象思维是人脑运用形象（表象）进行的思维。表象是形象思维的元素，形象思维本质上就是表象的运动变化和改造。表象的运动变化和改造可分为三个层次。

第一个层次：分解、组合。它是表象活动的开始，是形象思维的基本形式。拼组图形教学时，让学生从所给的图形中，剪出基本图形长方形、正方形、三角形、圆，再把这些基本图形拼成教材上的蝴蝶、帆船、汽车、小人。这里"剪"是表象的分解，"拼"是表象的组合。我们可借助分解与组合的方法，揭示事物的内在联系和规律。而表象的丰富性，分解、组合的多样性，正是形象思维丰富性和灵活性的基础。

第二个层次：类比、联想。它是形象思维展开的形式，和表象的分解组合紧密相连。自然界的事物在其形态结构、运动方式诸方面存在着大量的相似之处。而类比就是运用事物的相似性比较其异同，抓住事物的特征和本质属性的思维方法。联想是类比的发展。联想时，学生在头脑中要找出上述几种图形的联系与区别，这实质上就是先利用表象进行分解，然后再利用表象的组合，把分解出来的异同点进行综合，找出它们的共同特征和本质属性。

第三个层次：想象。它是形象思维的高级形式，是思维的一种升华。想象综合了分解、组合、类比、联想等思维方法，对表象进行加工改造。如图1-2所示。

图 1-2　形象思维的层级图

　　问题发现又称问题质疑或基于问题的学习，即在提出问题和解决问题的过程中锻炼创新思维。提出一个问题往往比解决一个问题更重要。有了问题，才能更好地调动学生学习的兴趣，激起学生学习的动力，促使学生积极思维，在原有的基础上开拓创新。"学起于思，思源于疑"，它深刻地揭示了疑、思、学三者的关系。有了疑问才会去思考，有了思考才会有发现，因此问题是创新的基础和起源。在课堂教学中，既要善于运用问题激发学生思维，又要重视培养学生发现问题、提出问题和解决问题的能力。因此教师在教学过程中要特别重视学生问题质疑能力的培养，要鼓励和引导学生在学习的过程中敢想敢问，使学生养成善于发现问题和勇于解决问题的习惯，为学生创新思维的发展铺平道路。

第二节　小学生创新思维的特点分析

　　创新思维在不同年龄阶段和不同教育背景的人身上会有不同的表现形式。对于小学生而言，其创新思维的特点可以从不同方面和不同角度来进行阐述。现将小学生创新思维的特点分为表现特点和发展特点进行陈述。

一、表现特点

小学生创新思维的表现特点是指比较外显的和可观察的一些方面的特点，与那些比较内隐和不易观察的特点相对应。对小学生来说，其创新思维主要表现在学习活动中，也可以表现在平时生活中发现问题和解决问题的过程中。小学生创新思维的表现特点，可以从以下几方面进行分析：

（1）知识和技能。在知识和技能方面，小学生的创新思维主要表现在学习中能较好地理解和记忆所学的教学内容，且有较独特的观察方法和强烈的好奇心；喜欢探讨问题和做作业，并从自己解题中得到满足；有时会提出一些老师一时无法回答的问题；学习上有不服输的精神，且有自己的努力目标；不太看重分数却迷恋于自己的爱好。

（2）敏捷性和深刻性。小学生创新思维的敏捷性和深刻性，主要表现为对学习和生活中的事物能迅速做出反应，并得出结果。对待事物，尝试着透过现象看到实质，能够发现事物产生的深层原因，尝试着预测事物发展的结果。[①]

（3）想象力和推断能力。在学习上善于大胆想象和提出假设，不断发现新事物、新问题和新结果；有良好的联想和直觉思维能力；喜欢幻想以至异想天开。能够把给定的概念推广到比较广泛的关系中去，能从整体的关系中去理解给定的材料；能够运用较为系统和新颖的方法寻求各种相关因素之间的关系；有初步的类

---

① 白振华 . 小学数学教学中培养学生反思性学习能力的思考 [J]. 教育理论与实践，2018，v.38；No.649（14）：60—61.

比、联想、迁移能力。见下表。

表　小学生创新思维表现特点的评价表

表现特点	评价
知识	简单记忆（　）深度理解（√）重视应用（　）
技能	简单操作（　）掌握原理（　）灵活应用（√）
敏捷性	反应迟钝（　）反应一般（　）反应迅速（√）
深刻性	表面记忆（　）深层体会（　）挖掘本质（√）
灵活性	单一方向（　）多面思考（√）多层思考（　）
独创性	满足接受（　）喜欢发现（√）善于求异（　）
想象力	停留表面（　）学会联想（　）喜欢想象（√）
推理能力	尝试推理（　）一般推理（√）高级推理（　）

二、发展特点

　　小学生创新思维的发展特点是指透过学生思维发展的种种表现形式，发现其思维发展的进步特点。对于小学生而言，其思维发展正处在一个高峰期，具有较强的可塑性，教师应善于引导和帮助学生朝着更加合理健康的方向发展。

　　（1）思维的深刻性持续增强。低年级小学生主要是具体形象思维，看问题比较浅，多停留在表面层次。到了小学高年级，学生的思维开始由形象思维向抽象思维转变，逐步学会透过现象看本质，深刻性不断增强。

　　（2）思维的独立性逐渐提高。小学阶段，随着学生身心发展的逐步成熟，小学生的思维逐步从具体形象思维向抽象思维过渡。到了小学高年级，学生思维和行动的独立性与自主性更加强烈，对教师、家长和其他成人的依赖性不断减少，独立思考、独立操作能力不断提高，自身的主观能动性越来越强。

（3）思维的能动性不断增强。小学低年级时，主动思维较少，大多是被动思维。

（4）思维的批判性逐渐提高。小学低年级学生，对教师、家长和书本的依赖性比较强，在他们眼里，只要是书上写的或者老师说的就是绝对的权威，是毋庸置疑的。但是随着年龄和经验的增长，他们学会了总结和质疑，发现老师和家长讲的、书上写的有时候也未必就一定是对的。慢慢地学会了批判地接受，以寻求他们认为更加合理的答案。

（5）思维的发散性持续增长。低年级小学生知识少，经验不足，方法欠缺，思维方式主要是形象思维和求同思维。随着知识经验的不断增多，他们开始倾向于从多角度思考问题。这时候教师需要采取合适的方法对学生加以引导，帮助学生多方面多角度地分析和解决问题，培养学生思维的发散性。

小学生思维能动性增长趋势如图1-3所示：

图1-3　小学生思维能动性增长曲线

第三节　培养数学创新思维的理论基础

创新思维是一种从不同方向思考问题、多种途径解决问题的思维方式。学生创新思维的培养和发展，有助于他们主动地、独创地发现新事物，提出新见解，从而有助于将来进行更大的发明、创造。创新思维的提出，更新了学习者的学习观念，是学生学习方式的革命。创新思维是人生存与发展的基础，是马列主义的本质要求，是实施素质教育的重要内容，是未来人才的必备素质。哲学、脑科学、教育学、心理学等学科的研究成果为小学数学课堂教学中培养学生创新思维提供了坚实的理论基础。

任何一个学科和领域都有其独特的基础理论和学科体系。与小学生创新思维相关的基础理论有很多，本节重点阐述培养创新思维的哲学基础、脑科学基础、教育学基础和心理学基础。这些基础理论是培养创新思维的理论支撑和关键。

一、培养哲学基础

哲学，作为世界观的学说和自然知识、社会知识的概括与总结，为创新学习提供了最为一般的、普遍的、共性的科学理论基础，此处就对创新学习直接提供指导的有关理论加以论述。

(一)创新是人的根本特征

本质是事物的基本规定性，是一事物区别于其他事物的根本特征。人的本质就是人之所以为人的决定因素。创新，就是人作为人的最为重要的共性特征。正是由于人的不断创新，才使人在认识世界、改造世界的实践过程中，激发出潜能，满足其发展需要，增强其本质力量。

首先，创新是人类劳动的核心。劳动是使人成为人，从而区别于其他动物的根本所在。在劳动过程中，创新是产生、形成人及其特性的根本动力。正是人的不断创新，才使人在认识、改造自然和人类社会的过程中，成为社会活动的主体，成为社会关系的创造者。在劳动过程中，创新，使人的本质力量得以展开，使人的社会本质得以实现，使人的历史得以确证。没有劳动，人类便无法生存。而人在劳动中能够能动地表现自己、创造历史、发展历史、改造客观世界、改造主观世界。①

其次，人的意识活动就是无限的创新活动。人之所以成为区别于自然和社会化的动物，就在于人的本质力量不是无意识的、被动的和本能的力量。凡是在社会历史领域进行活动的人，都是具有创新意识、创新精神、创新思维的人。人类的历史就是不断创新的历史。这就决定了人的活动是创造性的，决定了人在实践活动中具有强烈追求自己对象的本质力量的激情、热情，决定了人在认识活动中具有对真理追求的人的感情。创新，是以对现实的否定评价为先决条件的。当现实不能满足人的需要时，人就要对现实进行批判，就有对理想世界的追求，就要进行创新。因为，人对现实世界与理想世界的差异的比较和对真、善、美的追求，是人的内在的自觉追求。

（二）培育创新人才是教育的最高目标

教育就是在自然人的基础上帮助人实现社会化，并增进其发展和成功的活动。而在这一过程中，发展和培育人的创新精神、创新思维是教育的最高目标。

按照马克思主义关于人的不同社会实践活动的依次发展与

---

① 陈力. 小学数学形象支撑与抽象学习辩证关系的处理 [J]. 教学与管理，2017（32）：38–40.

递进增强的关系划分，体现人的本质和人的本性的教育活动，也可分为三种境界：

一是使学生"生动活泼地得到发展"，这是为学生将来能够主动认识世界、改造世界奠定基础。

二是培养学生的创新意识、创新精神和创新思维，为他们将来创造性地认识世界、改造世界奠定基础，并在此基础上体现人的本质力量。因为，创新可以使人同其他动物分离，创新可以使人的活动越来越脱离人的本能需要，使人成为人。

三是为学生个性发展提供更多的选择机会。根据共产主义原则组织起来的社会，将使自己的成员能够全面地发挥他们各方面的才能，并且每个人都无可争辩地有权全面发展自己的才能。只有使学生的个性自由发展，使每个学生自由发展、充分发展，才能推动整个社会、整个人类的自由发展、充分发展。

二、培养大脑科学基础

大脑是人的心理的物质基础，更是学生素质提高与发展的物质基础。进行创新学习，必须了解和掌握有关脑科学研究的新成果及脑科学对学习提出的新的启示或要求。

第一，脑科学研究的新成果——全脑模型。

第二，全脑模型与创新学习。全脑模型为学生创新精神和创新思维的培养提供了科学的新模式，即全脑式创新模式。

兴趣是创造或创新活动的启动阶段，它表明主体对某一问题集中关注，并产生创造、创新的动机。在这一阶段，大脑的四个部分均发挥作用。在准备阶段，进行资料收集和事实分析，并将事实按照时间排列出来，正确说明问题所在。酝酿是大脑在有意识和无意识两个层面上同时处理问题，主要是右脑开展心智活动，运用的是直觉和概念式的理解能力，将可能的解决方法提升到意识的层面上来，主要是大脑的部分发挥作用，之后是对产生的解决办法进行检验等，在这个阶段起作用的是大脑的部分应用，是对检验成功的解决方法投入使用和推广的阶段，涉及的因素很多，因而大脑的四个部分都投入运行，综合发挥作用。这一创造过程的模型，对于理解学生的创新思维的产生过程或指导学生完成一项创新性的活动，都具有很大的启发和帮助作用。

三、培养教育学基础

从教育的基本规律来看，教育应促进社会的发展，教育应促进人自身发展；从教育目的的超前性来看，教育目的是面向未来的，教育目的代表着社会的期望，从未来的期望引导创新；从教学模式的时代发展来看，不论问题模式、发现模式，还是研究模式，都是以探索实现创新；从教育的研究方法来看，主要的研究方法是观察、调查、文献、个案、总结、实验等，它们都是从认识未知达到创新。

（一）实现教育基本功能的根本途径是创新

教育作为一个系统，必然具有一定的功能。无论从历史还是从现实看，教育之所以成为人类社会所必需的活动，主要是因为它具有两大基本功能。

首先，教育具有影响社会发展的功能。人类社会的延续和发展必须依靠两种最基本的生产，一是社会物质生产，二是人类自身再生产。人类自身的再生产不只是指人类的繁衍，而且包括使个体社会化，形成社会的新生一代。显然，社会新生一代的形成必须通过各种形式的教育。因为人类文化、思想的世代相传不能通过遗传实现，新生一代只有通过受教育才能在较短时间里继承人类历史文明的遗产，并在此过程中达到当代社会对人的要求，有可能在现有社会发展的基础上，发挥新人的聪明才智，创造新的财富、知识和经验，不断向新的领域进军，做出新的贡献。另外，人类社会的物质生产也离不开教育。因此，教育促进社会发展的功能主要表现为：它是人类社会延续、发展的必不可少的工具，是架在人类社会的过去、现在和未来之间的桥梁。①

其次，教育具有影响个体发展的功能。教育的目标是直接影响人的身心发展，而且教育的社会功能主要通过影响个体的发展实现，这决定了教育必然具有影响人发展的功能。影响人的发展的因素无疑很多，但教育在对人的发展中的主导影响是为世人所公认的。

教育的主导影响体现在教育帮助受教育者选择合适的发展方向。这里的"合适"是指社会发展对人才素质的基本要求与个体特质发展的一致。教育者应帮助受教育者创设条件，使受教育者个体特质朝着有利于社会发展的方向展现和发展。教育应为人的终身发展奠定坚实的基础，为离开学校后个体的继续发展创造条件。教育在影响人的发展方面，应把培养受教育者的自我教育和自我控制能力以及判断、选择、利用环境的能力作为根本性任务，学校为学生提供选择的可能并教学生学会选择。只有这样，教育才是真正立足于每个人一生的发展，对人的发展起主导作用。

教育促进社会和个人发展的功能主要表现在它帮助实现了社会的延续和更新。在历史的长河中，教育的延续功能是一贯的、基本的，更新功能却是有条件的。教育使社会文化延续和更

---

① 管永才. 小学数学教学与德育渗透 [J]. 学校党建与思想教育，2011（6）：73–73.

新并不是以直接的传递或增添的方式实现，它是通过把人类共创的文化财富转化为个体的知识、才能、思维能力、实践能力等，再通过个体发挥智慧、才能的活动，体现出已有文化对今日社会的功能，或创造出新的文化成果，从而丰富人类文化的宝库，推动人类文化的发展。因此，能否使原有的文化保持活力，能否创造出新文化，关键就在于教育的性质，看教育能否培养出具有创新意识和创新思维的人。在这个科技迅猛发展、国际竞争日益激烈的时代，明确这一点尤其重要。因此，教育要真正实现其促进社会和个体发展的基本功能必须依靠创新。

（二）教育目的

所谓"教育目的"一般是指一定社会培养人的总要求，是根据不同社会的政治、经济、文化、科学、技术发展的要求和受教育者身心发展的状况确定的。近代以来，人们在教育目的问题上曾经作过多种探索，提出了种种不同的教育模式，如：面向过去与维持现状的教育目的的模式，以赫尔巴特学派为代表、以教育不变应社会万变的模式，如赫钦斯等。随着现代社会的急剧变化，传统的教育观念受到挑战，传统的教育目的观念也不例外。

这样的教育目的就是所谓"预示某些新的社会状态"的教育目的，实现这种教育目的必须改革传统教育，尤其是必须重视对人的创新精神、创新思维的培养。传递文化而不用现成的模式去压抑人才。鼓励他发挥其天才、能力和个人的表达方式，而不助长他的个人主义。密切注意每一个人的独特性，而不忽视创造也是一种集体活动。[1]

传统教育压抑人的创造性尤其是符合上述要求的创造性，它

---

[1] 顾建芳. 基于问题中心的有效教学——以小学数学教学为例 [J]. 上海教育科研，2014(4)：95-96.

已经受到来自各方面的挑战包括社会变革和个人发展。因此，从教育目的"面向未来"这一本质要求出发，教育呼唤创新。

四、培养心理学基础

人的创新心理的集中体现是创造力。创造力是以个体的认识、行动和意识的充分展开，进行创新思维并取得成果为标志的。创造力因个体心理基础的不同而表现出不同水平的差异。创造力是由低到高逐步发展的。创造力由低到高可以分为五个层次：一是表达式创造力，以自由和兴致为心理基础；二是生产式创造力，以模仿、应用现成原理、原则为心理基础；三是发明式创造力，以一种新眼光看待事物为心理基础；四是革新式创造力，以对创新问题的全面把握、创新知识的必备和创新领域的充分了解为心理基础；五是高深创造力，以具有处理复杂、深奥资料和创立新的理论学说能力为心理基础。

表达创造力是其他创造力的基础，常见于儿童和青少年的创新心理，而其他创造力都是依此由低向高逐步形成和发展的。从创造力的形成和发展理论，可以看出创造力不是少数人特有的，每个人都具有创造力，都可以通过创新学习的活动进行培养和提高。而较高层次的创造力也不是凭空得来的，需要从小培养起来，因此在中小学生中培养创新思维是大有裨益的。

（一）让学生自主发现学习

在学习理论上，按不同的学习方式，可以分为接受学习和发现学习。所谓接受学习，是指学习者将别人的经验变成自己的经验的时候，所学习的内容是以某种定论或确定的形式通过传授者传授的，不需要自己任何方式的独立发现。与之相对应的教学方法是讲授教学法，学习者将传授者讲授的材料加以内化和组织，以便在必要时给予再现和利用。

所谓发现学习，又叫"发现法"，是主张由学习者自己发现问题和解决问题的一种学习方式。它以培养学习者独立思考思维为目标，以基本教材为内容，使学生们通过再发现的步骤来进行学习。发现学习分为独立发现学习和指导发现学习。前者与科学研究相同，在学校学习中较少见；后者却是在课堂教学中出现，它向学生提出有关问题，指导学生学习、搜集有关资料，通过积极思考，自己体会、"发现"概念和原理的形成步骤。

尽管发现学习的效率比接受学习低，而且受学生们智力水平和知识基础的限制，但是发现学习的倡导者布鲁纳却认为发现学习有四个优点：一是有利于掌握知识体系与学习方法；二是有利于启发学生的学习动机，增强其自信心；三是有利于培养学生发现与创造态度探究的思维定式；四是有利于知识、技能的巩固和迁移。发现学习的主要特征是强调学习过程。

在教学过程中，学生是一个积极的探究者。教师的作用是要形成一种学生能够独立探究的情境，而不是提供现成的知识。认识是一个过程，而不是一种产品。可见，学习的主要目的不是要记住教师和教科书上所讲的内容，而是要学生参与建立该学科的知识体系的过程。人类记忆的首要问题不是储存而是提取。提取信息的关键在于如何组织信息，知道信息储存在哪里和怎样才能提取信息。

（二）培养学生的发散思维

创新思维本身就是重新认识问题和解决问题，从这个意义上讲，人人都有创新思维，人人都能进行创新思维。吉尔福特在创新思维的研究上做了大量的工作，认为创新思维的基础是发散思维，并指出由发散思维表现出来的行为，代表"个人的创造力"，这种能力具备变通性、独特性和流畅性三个特征。

所谓思维的变通性，是指具有创造能力的人思维变化多端、举一反三、一题多解、触类旁通。所谓思维的独特性，是指对问题能够提出不同寻常的独特、新颖的见解。所谓思维的流畅性，是指思维的敏捷性或速度，也就是说，创造能力高的人，思维活动则多流畅、少阻滞，能在短时间内表达众多的观念。吉尔福技的研究为尊重学生个性和想象力提出了科学依据，为创新学习思维训练提供了理论支撑。

培养小学生的创新思维，应着重从以下几个方面入手：

（1）良好的学习环境是培养创新性思维的基础。环境对一个人的影响在某种程度上说是具有决定性的，尤其对那些需要后天培养的能力，教育和环境的影响更是具有非常大的作用的。人的创造才能不是天生的，而是后天获得的。对于小学生来说，为其创设一个良好的创新思维培养氛围，可以激发其思维的积极性和主动性，可以调动学生自身内部的动力来投入到学习活动中。一个宽松和谐的学习环境，是学生思维发展循环的良好起始点，它能够为学生的自由思考奠定良好的基础。

（2）培养学生在观察中锻炼和发展创新性思维。小学生具有强烈的好奇心和求知欲，多喜欢新鲜事物，这是观察的原动力。对于小学生的这个特点，教师要给予足够的重视和引导。在教学过程中适时地引入观察方法和观察技巧，引导他们去观察社会、观察大自然，多方面多角度地思考问题。帮助他们在观察中发现问题、提出问题，锻炼和发展他们的创造性思维。

（3）培养学生联想和想象能力。想象力比知识更重要。知识是有限的，而想象力却是无限的。想象力可以推动知识的发展，可以概括世界上的一切，是知识进化的源泉，推动着社会的进步。联想和想象力的培养需要教师鼓励和引导，要丰富他们的生活经验，给他们提供自由想象、独立思考的情境条件，鼓励他们大胆幻想。

（4）培养学生多角度思考问题。教师在教学中要多组织一些一题多解、多向思考的活动，引导学生从不同角度和不同层次对问题进行分析和解决。这样可以开阔学生的思维视野，让学生体会到更多学习的乐趣，有利于学生的思维发展和良好思维状态的形成。

（5）培养学生独立自主的学习能力。人类的教育教学活动，其目的不仅仅是传承知识，更是发展和创新知识。追求创新和发展是这个社会永不停止的脚步，培养学生的独创意识和独创思维是教师义不容辞的责任。教师可以通过鼓励独立探索的意识和敢于创新的精神，培养学生独立学习和敢于创新的自信心。也可以通过创设问题情境，实施延迟评判，引导学生自己获得新知。还可以通过展示思维活动过程，引导学生获得多方面观察和思考问题的方法。

第二章　小学生的创新思维培养解读

　　创新思维是一种从不同方向思考问题、多种途径解决问题的思维方式。学生创新思维的培养和发展，有助于他们主动地、独立地发现新事物，提出新见解，从而有助于将来进行更大的发明、创造。本章论述数学创新思维的教育目标和基本原则，分析小学生数学创新思维培养的内涵，探讨小学生数学创新思维的培养方式，并对培养小学生数学创新思维进行思考。

第一节　数学创新思维的教育目标和基本原则

一、数学创新思维的教育目标

　　培养学生的创新素质不可能一蹴而就，而应将其贯穿于教育教学的不同层次的各个阶段之中。要在数学教学中有效地开展和实施创新教育，就必须正确定位数学创新教育的目标。数学创新思维的教学目标一般说来可以包括以下内容：创新意识，即创新的欲望，崇尚创新、追求创新、以创新为荣的观念和意识；创新感知能力，即通过实验、观察、分析、抽象、概括、猜想、归纳等科学方法去认识、理解、发现数学知识的能力；创新应用能力，即通过收集、分析、处理信息，建立数学模型，综合运用知识，灵活选择方法，创造性地解决数学问题的能力；即创新情感。创新的志向、坚定的信念、创造的动机、探索的兴趣、冒险的精神、顽强的意志、严谨的态度；创新发展能力，即通过变换、组合、推理、论证、拓展数学知识领域，建构系统的、完整的知识体系，形成良好的认知结构的能力；创新思维能力，即建立在数学逻辑思维、直觉思维和形象思维的基础上的创造性思维能力，它包括思维的深刻性、灵活性、发散性、敏捷性、批判性和独特性等思维品质。

二、数学创新思维的基本原则

实施数学创新教育应该以基本的教育教学原则为指导，从创新教育的内容和数学学科的特点出发，构建数学创新教育的课堂教学模式。整体发展原则、民主性原则、主动学习原则、情感激励原则、再现过程原则、启迪思维原则、开放探索原则是数学创新教育的基本原则。

(一) 创新思维的整体共同发展

教师要把学生的创新能力发展看成一个生命整体的发展。教师既要引导学生全面、系统、准确、完整地掌握对创新发展起奠基作用的数学基础知识、基本技能和基本方法，也要训练学生的创造性思维，发展学生的创新能力，还要优化学生的创新个性品质，培养学生合作交流、严谨求实、质疑批判、研讨探究的科学精神以及不畏艰难、正视挫折、顽强拼搏、坚忍不拔、开拓进取的心理品质。[1]

(二) 创新思维的民主性

创造力最能发挥的条件是民主。学生的创造性要得以发挥需要民主的教育氛围。现代心理学研究表明，学习者在学习中保持

---

[1] 韩翠萍. 小学数学教学中文化渗透的探索 [J]. 教育理论与实践，2017，v.37;No.634(35)：49–51.

愉快和宽松的心境，有利于发挥主动性和创造性，释放出巨大的学习潜能。传统教学方法中师生之间、学生之间的交流方式往往过于简单，大部分学生常因缺乏"心理自由"和"心理安全"而成为旁观者。数学教师必须放下所谓的"师道尊严"，解除学生思想上的束缚，建立民主、平等的师生关系，营造民主、和谐的教学氛围，形成以学生为中心的生动活泼的学习局面，尊重与众不同的疑问和新观点，鼓励学生大胆表达自己的所思所想，多给学生自由争辩和发表个人见解的机会，以此来激发学生的创新意识和创新动机。

（三）创新思维的主动学习

创新教育强调学生是主体，主动学习是创新教育的核心。数学知识不是简单机械地从一个人迁移到另一个人，而只能基于自己对经验的操作、交流，借助于他人的帮助，利用必要的学习资料，通过自身的学习活动来主动建构。教师要从学生所处的主体地位出发，设计教学方案，制定教学策略，选择教学方法，选择适宜的课堂教学模式，组织教学过程。通过教师的启发和指导，激活学生内在的原动力，最大限度地调动学生的主动性、求知欲，激发创造性思维，使学生主动参与创新学习活动，形成良好的学习心理，养成勤学好问、独立思考、刻苦钻研的学习习惯，并掌握具有创新发展价值的学习方法和规律，真正成为创新学习的主人。

（1）激发学习动机。激发学生动机是促进学生主动学习的重要手段。数学教师在教学中应针对学生的实际情况，采取适当的策略，激发学生的学习动机。

（2）体验成功感。学生在数学学习活动中如果获得成功感，可产生巨大的内驱力。教学中教师选择的例题深度应有易有难，防止学生出现畏惧情绪。习题的量和难度的把握也必须合理，力争使不同层次的学生从心理上产生自豪感和满足感。

（3）捕捉好胜心理。激发求知欲有着强有力的刺激作用，它将唤醒并迫使大脑加强工作。青少年学生对新鲜事物都有敏感性、好奇心，具有强烈的自我表现和好胜心理。教学中采用"挑战"的方法常常可以取到良好的教学效果。

（4）紧扣期待心理，及时给予评价。教学中教师应该从学生的个体实际出发，对不同的学生提出不同的要求，抓住学生期待获得好评的心理，捕捉学生的闪光点，及时地给予评价和激励，使学生获得满足感。

（四）用情感调动学生

教师要率先垂范、言传身教，用自己的创新精神和情感去感染和调动学生，激发学生创新的欲望和需要，使学生的心理经常处于一种追求创新的状态之中。要营造一个民主、平等、和谐、宽松的教学氛围，激励学生勇于探索，大胆质疑，创造性地提出问题和解决问题，使学生获得创新的自信和勇气，并体验创新的乐趣。

（五）创新思维的再现过程

数学是思维活动的过程，数学知识是数学家创造性思维的结果，数学教学是再现数学家思维过程的一个缩影。传统的数学课程从内容到形式都是经过逻辑加工后完善的科学系统，看不到数学概念、原理、方法的产生背景和形成过程，看不到数学家发现数学的可贵的思维痕迹，这对于培养学生的创造性思维是十分不利的。

随着课程改革的不断深入，创新教学理念的不断更新，教师在数学教学中应以思维活动为主线，充分揭露和展示数学知识的发生、发展、应用的过程，如概念的形成过程，性质、定理、结论的推导过程，解题的思考过程，问题的发现过程，规律的揭示过程等，而不应该把现成的结果告诉学生。教师要让学生沿着"再发现"的道路去探索和发现数学知识内在的变化规律，体验和吸收数学家的创新思维。这不但有利于学生认知结构的形成和发展，而且有利于学生思维水平的提高，并为学生的发现和创造提供更多的生长点。

（六）创新思维的启迪思维

思维能力是智力的核心部分，培养学生的思维能力是数学教学的重要目标和基本任务。教师要充分发挥数学教学的主导作用，精心设计问题序列，创设思维情景，设置思维障碍，激发学生思维的兴趣，启发学生积极思维，使学生在探究问题中学会思考，掌握科学的思维方法，发展创新思维能力。数学教学中有许多启迪学生思维的方式。

（1）思维情景的创立。创设良好的思维情景在教学中显得十分重要。教学中可采用设计疑问、设计幽默、设计欣喜、设计差错、设计竞争、设计悬念等手段进行情景设计。

（2）思维障碍的创设。教师在教学过程中有意识地设置思维障碍，使学生产生"山重水复疑无路"之感，再经过教师的启发诱导，可以使学生闭塞的思维重新活跃起来，找到解决问题的途径，从而达到"柳暗花明又一村"的境界。

（3）思维阶梯的添设。教师必须注意学生已有的思维水平，为学生进行数学思维铺路搭桥，采用灵活的启发方式，如以旧引新、步步释疑、点拨诱导、类比启发等，遵循从已知到未知的原则搭建思维阶梯。

(七) 思维创新的开放探索

突出学生在数学学习中的自主性和思维的开放性。教师要为每一个学生创造一个有利于师生互动、学生之间互相交流信息、探索争论的活动环境，多给学生提供动手、动脑、动口的机会以展示他们的本领，引发他们合作讨论、积极探索、发表见解，让学生的思维见解、情感体验等受到尊重，引发学生积极进取和自由探索，在理解掌握数学知识和领悟数学思想方法的过程中，获得广泛的数学活动经验，最终能学有所长、学有所成。

第二节　小学生数学创新思维培养的内涵分析

一、创新思维的根本

数学创新思维是各种思维优化组合的高效思维，是创新能力的核心，是造就创新人才的显著标志，是科学思维的综合形式，是在人的思维心理、思维形式和思维环境协调一致情况下产生的，是人们在已有的经验、知识的基础上，从某种事实中更深一步地找出新关系、寻求新答案的思维活动。它建立在聚合思维和发散思维的有效激发的基础上，是与智力因素和非智力因素密切相关的，是在最高水平上实现的多种思维方式协调活动的综合性思维。

在数学教育中，数学创新思维不能片面理解为数学家的创新设想和发现所表现出来的独特性、新颖性，而主要是表现在学习数学的过程中善于独立思考、分析，提出设想或解答，具有探索的创新精神。在这里特别要区别数学创新思维与再生性思维，再生性思维是用在过去类似问题情境中学会的方法，提出解决问题设想的过程。创新思维要求提出新的、发明性的解决方法或设想。一个人对某一问题的提出或解决是否具有创新，不在于这一设想或解决是否曾经有人提出过、而关键在于这一问题的新设想和解决方法对这个人来说是否新颖。

数学教育中的数学创新思维具体表现为：能利用已经掌握的数学知识和技能去探索解决问题，提出新设想，即知识技能在新问题中发生迁移，能在熟悉的问题情境中发现新问题。

影响数学创新思维有两大因素：一是非智力因素，包括动机、兴趣、情感、意志、性格等；二是智力因素，包括逻辑的与非逻辑思维能力。一般地说，非智力因素对数学创新思维起促进作用，智力因素起决定作用，因此创新思维的培养不仅要注意智力因素的开发，还要注意非智力因素的培养。

在教学中教师常犯一些错误，总是要求学生机械地根据教材或教师的思路来回答问题，稍有不同，教师不是制止，就是加以引导，这样的教学不利于学生创造思维的发展。为了开发学生智力，提高教育质量，教师们必须启迪和鼓励学生的创新思维。若忽视学生的求异和创新，学生就只会按教师的一种固定的思维方式思考问题，长期下去，学生的思维就趋于呆滞、僵化，是不会形成创新思维的。因此，这就要求教师本身要有创新思维。具有创新思维的学生首先得益于具有创新思维教师的精心培养，无创新思维的教师，不可能培养出具有创新思维的学生。另外，教师要尽可能挖掘教科书中能培养学生创新思维的知识点，在潜移默化的教学过程中，对学生创新思维的培养起到润物细无声的作用。

在数学教育中，数学创新思维的培养还要求结合学生的年龄和心理特点。

思源于疑，好疑方能多思、多问，疑问是发现问题、提出问题的开始。创设问题情境，教师不仅要熟悉教材，还要了解学生的思维水平、掌握知识的程度和年龄特征，要设法让学生产生一种迫切要求探求知识的欲望，这样他们在学习的过程中才能自觉地、积极地开动脑筋，主动学习，创造力才有可能得以发挥。

　　因而，教学过程中学生的质疑，是学生积极思考问题、主动寻求解决问题的表现，本身隐含着学生发现问题、勇于探索解决问题的创新精神，教师只有以此为契机，捕捉学生智慧的火花，才能使他们的求知欲得到满足，创新思维得到发展。

　　想象是人们对事物思考做出的猜想或由相关事物所产生的联想，丰富的想象力是探索科学世界的翅膀，没有假设和猜想就不会有科学的创新和创造。小学生的想象力十分丰富，成年人看动画片、卡通连环画不感兴趣，而小学生看起来就十分着迷，这是因为他们的想象力十分丰富，能够把成人认为不相关的事联系起来，并产生更多的联想。

　　小学生的想象比较幼稚，对未来的幻想十分丰富，但也具有一定的科学性，这都是他们思维的一种创新活动，是创新精神和创造能力的表现。因此，教师要注重培养他们的想象力，而且要创造发展他们的想象力的环境，不断引导他们正确想象、科学想象。

二、数学教学与创新思维之间的联系

　　数学与其他学科不同，在培养思维的直觉性、灵活性和批判性方面有着其他学科无法比拟的功效。它最能够促进学习者的有理智的顽强性和自觉的勇敢精神这些品格。数学的证明本质上就是对结论的挑战，数学的猜想就是创新。通过数学问题解决过程的个性化表露及有关结果的质疑和拓展，容易树立学生批判、创新的意识和精神，渐渐形成创新的习惯。数学是思维的体操。下面就小学生数学教学与创新思维之间的关系进行阐述。

(一)"典型性"与"敏锐性"之间的关系

思维的敏锐性又叫智力的敏锐性，是指短时间思维能迅速发动起来，能灵活变换思路、善于改变思维方向的能力。数学的典型性是指数学的模型化，把数学问题模型化是解决数学问题常采用的方法。

在数学教学中，应注意培养应用基础知识和基本技能处理问题的能力，应重视基本的解题模式的构建，让学生头脑中逐渐建立起足够的数学模型，并通过一些典型例题进行分析、处理、总结、归纳，理清各种量的关系。

(二)"多样性"与"广阔性"之间的关系

思维的广阔性是指对某一具体事物或现象，能激发自己多方面丰富的联想，多方面观察和研究问题，从不同角度寻求问题的解答方法。[①]

数学的多样性是指数学内容是一个整体。无论是代数、几何，还是三角，彼此都是相互联结、可以沟通的，一个数学问题的提出、解决，所牵涉到的问题，可能有许多个环节，问题的解决所经历的思维过程，往往是几个过程、阶段或几个方面。在数学教学中，教师应引导学生去挖掘，鼓励学生从其特定的背景出发，善于联想到与本问题有关的各种数学联结，追求新颖的解法。在解数学题时，如果能根据题目里的数学特征进行联想，往往会收到很好的效果，为培养学生的创新思维注入新的活力。

---

① 韩立云 . 小学数学情境教学是种艺术 [J]. 中国教育学刊，2017(03)：115.

(三)"质疑性"与"独特性"之间的关系

思维的独特性是创新能力的重要标志，是指善于独立思考，表现在思维的深度和新颖上。数学的质疑性指数学中为了解决某一问题的思维所经历的步骤：发现问题、认识问题、提出问题、解决问题、得到结论。在教学中，要引导学生对已有知识、结论、方法进行反思，让学生自己通过观察、分析、归纳、类比、联想等思维方式，主动去发现问题、提出问题并解决问题，这是创新思维的典型表现。

教师对学生提出的问题进行总结后，还可进一步要求有能力的同学在课后解决这些问题。经过这样的处理，既加深了学生对问题的理解，又训练了学生提出问题的方法，培养了学生的创新思维。质疑不仅是思维的开始，也是有所发现的前提，更是创新的开端。可见，培养学生的质疑能力是进行创新教育的重要载体，是培养创新思维的突破口。

(四)"多向性"与"发散性"之间的关系

发散思维是创新思维的核心。发散思维是对已知信息进行多方位、多角度的思考，从而提出新问题、探索新知识或发现多种解答和多种结果的思维方式。因此，培养发散性思维能力是培养创造力的重要环节。

数学的多向性是指许多数学问题的解决，并不只有一种方法。同一问题，从不同的方向出发，用不同的方法都可以得到同一结果。还有一些问题，并不只有一个结果存在，需作全面的分析。而解决这些问题需要依据一定的知识和事实，灵活而全面地寻求对问题的多种可能的答案。平时，教师的教学设计要有创新意识，要激发学生多角度、多层面地思考问题。

应用一题多解、一题多变、一题多问、一题多答进行思维的拓宽训练，是培养创新思维的重要手段。在日常教学中，要精心设计问题，激发学生的探索热情，恰当引导，使学生积极动脑思考，进行发散思维，使学生在解决问题的过程中，养成爱思、善思的良好习惯。

（五）"严谨性"与"缜密性"之间的关系

数学的严谨性具体表现为数学的公理化体系。在数学结论的推证过程中应处处符合逻辑要求。

创新思维的基础是思维的缜密性。为了有效地培养学生思维的缜密性，在教学中，教师们必须加强概念的教学，引导学生深刻理解数学概念，搞清内涵与外延，不断引导学生在解题时做到有理、有据，善于抓住事物的规律和实质，合理选择解题方法，培养学生良好的思维习惯，在练习和评估过程中，加强对学生思维缜密性的考查。

现代学生的思维活跃，思路开阔，但基础知识薄弱，容易在解决问题中走弯路。因此，在探索解惑中，要注意引导学生对结论的可靠性进行反思，对思路的可行性进行分析，使学生养成反思的习惯。同时，在平时的课堂教学中，要有意识地帮助学生提高他们的思维缜密性。

总之，创新思维是学生一种不可缺少的能力。要提高它，需要教师不懈努力，在教学实践中不断探索、不断改进。只有努力提高自身素质，转变教育观念，改进教学方法，才能有所收获。

三、培养和发展创新思维的关键在于兴趣

兴趣是最好的老师。培养和发展创新思维也需要激发学生的创新兴趣，只有这样才能持久、有效。可以说，小学生创新兴趣是培养和发展创新思维的关键。作为小学教师，要善于从学生的

心理发展需要出发，运用各种教学形式或活动，大力激发学生的创新兴趣，为培养和发展学生的创新思维打下坚实的基础。

（一）利用学生的求知心理和满足好胜心理

兴趣产生于思维，而思维又需要一定的基础知识。在教学中提出恰如其分的问题，可以吸引学生，并激发学生的认知矛盾，引起认知冲突，引发强烈的兴趣和求知欲，学生因兴趣而学、而思维，并提出新质疑，自觉地去解决、去创新。

教师必须精心创设教学情境，有效地调动学生主动参与教学活动，使其学习的内部动机从好奇逐步升华为兴趣、志趣、理想以及自我价值的实现。教师就教学内容设计出富有趣味性、探索性、适应性和开放性的情境性问题，并为学生提供适当的指导。小学生常常会对一些问题感兴趣，产生疑问。学生的这种好奇心，是创新意识的萌芽；产生疑问，引起思考，是学习的开始；疑问使学生萌发求知的欲望。无论儿童提出的问题正确与否，老师都应从正面引导学生积极思考，鼓励他们发表见解，爱护和培养学生的好奇心。久而久之，小学生的好奇心、自尊心与创造性就会有机地结合起来，逐步形成创新思维。数学课堂教学中唤起学生的创新兴趣很重要。爱护和培养学生的好奇心是唤起学生创新兴趣的起点，也是创新思维培养的基础。好奇心是儿童的天性，他们常常会对一些问题感兴趣，产生疑问，从而产生好奇心理，这正是创新意识的萌芽。疑问使学生产生好奇，好奇又引发学生想实践、想创新的兴趣。疑问引发学生求知的欲望，同学们跃跃欲试，开始了新知识的探求，探求的开始正是创造意识唤起之时，创新正是从这里起步。

（二）利用数学中图形的美和故事

生活中遇到的图形，有的是几何图形，它们是依据数学中的重要理论产生的；也有的是几何图形的组合，它们具有很高的审美价值，在教学中宜充分利用图形的线条美、色彩美，给学生最大的感知，让学生充分感受数学图形给生活带来的美。在教学中尽量把生活实际中美的图形联系到课堂教学中，再把图形运用到美术创作、生活空间的设计中，使他们产生创造图形美的欲望，从而激发学生的创新兴趣。

学生一般都喜欢听趣人趣事，教学中结合学习内容讲述数学发展的历史和数学家的故事，如数学理论所经历的沧桑、数学家成长的事迹、数学家在科技进步中的贡献、数学中某些结论的来历，这样既可以让学生了解数学的历史，丰富知识，又可以增强学生对数学的兴趣，还可以学习其中的创新精神。

四、小学生数学创新思维培养的环境条件

人们普遍认为，数学学科具有抽象性、精确性和广泛应用性的特点，这些特点使数学成为培养学生创新思维的载体。数学是系统化的常识，如勾股定理、平行公理之类都是可靠的知识，正因为如此，数学比其他自然科学更易于创造，数学学习更能培养学生的创新思维。

环境是影响创新精神、创新思维的又一方面。要努力创造培养创新教学的环境，发挥学生丰富的想象力，发挥学生的潜能，才能产生新事物、新形象。

不少教师在教学中，总是牵着学生"走"，以自己的思维代替学生的思考。学生由于缺少机会，创新行为受到抑制。为此，教师要更新观念，还学生"自主权"，为学生多创造一点思考情境，多给一点思考时间，多留一点活动余地。

（一）提供适宜的创新思维空间

（1）创设情境，激发创新欲望。在课堂教学中，教师是课堂教学活动的策划者、组织者和指导者。如果教师能够抓住教材中所蕴含的创新因素，激起学生的学习情感，创设富有变化且能激发新异感的学习情境，充分利用学生的好奇心，引导他们去研究问题，那么学生的创新意识就会孕育而生，创新思维就会得到发展。

（2）提倡争论，培养创新思维。学生敢于发表自己的见解，是培养学生创新思维的重要前提。首先，教师要帮助每一名学生正确认识自己的潜能，鼓励他们树立"我能行"的信心。其次，针对教学中的疑、难点，有意识地设置争议情境，让人人参与争论。这样，既给学生提供主动参与学习的机会，又给学生一个充分表现自我的机会。

（3）鼓励学生质疑，提出创新见解。难的是提出公式，而不是证明公式。从这个意义上讲，提出一个问题比解决一个问题更重要。如果没有主动地参与、积极地思考，很难想象学生能提出一个有价值的问题。如果学生能主动大胆地提出一个有价值的问题，那么他也就具有了一定的创新思维能力。凡是学生能自己提出的问题就不要由教师说出。

（二）提供创新新环境

1. 调动思维能力，敢于创新

小学生的创新思维处于萌芽阶段，但他们的好奇心强，教师在教学中要创造条件，让每个学生都能积极思维，要善待学生的好奇、质疑，保护学生的想象力。一是注重活动式教学。在教学中，教师有意安排适合学生的数学游戏，包括模型制作、实践活动等，使学生在活动中认识数学，掌握知识，发展思维。二是及时给予鼓励，激起创造热情。教学中教师对学生的反应，哪怕是不完善的反应，都应给予重视和评价。对于学生的种种表现和富有创见的想法，应给予表扬和肯定，诱发学生的成功感，使学生爱思考，勤动脑。

2. 创设学习氛围，善于创新

要培养学生的创新思维，就要首先设置一个良好的教学氛围。目前教师身上仍存在一些不利于学生创新思维开发的问题。在课堂上，有的教师仍习惯于"满堂灌"，学生没有参与和辩论的机会，没有时间思考一些问题，使学生的创新能力得不到发挥。因此，在小学数学教学中，教师必须创造一个和谐、良好的氛围，把学习的主动权交给学生，多给学生一些思考的空间和时间，启发他们创新的积极性和信心，使学生在课堂上敢说、爱说，敢于提出不同的想法。通过同学们的动脑、动手、讨论，老师巧妙引导，学生在轻松、愉快的环境中获得了新知识，从而也进一步培养了学生的创新思维。

第三节　小学生数学创新思维的培养方式探研

一、数学教学中启迪学生思维

（一）利用"五想"启迪思维

1. 愿想，需要激发求知欲

在教学过程中，教是外因，学是内因，教通过学而起作用。教学的艺术就在于根据学生愿意想，发挥内因的积极作用。教学时，应在讲每一问题之前，首先向学生分析好此问题的重要性，以激发学生的好奇心及集中学生的注意力。其次说明解决此问题的方法的特殊性，要求学生找到这种解法，以引起学生的好胜心，活跃学生的思维，增强其学习兴趣。最后用充满感情的语言和醒目的板书去激发学生的学习热情，使全体学生都达到愿意想的状态。

2. 会想，需要有正确的指导方法

要会想，就必须掌握科学的思维方法。为此，教师在讲每一个问题时，首先引导学生研究解决问题的各种方法，充分发挥每个学生的聪明才智，培养他们的发散思维。其次引导学生从各种方法中筛选出最优解法，最后由教师引导总结规律。①

3. 能想，需要创造条件

要启迪学生思维，教师必须为其创造能想的条件。创造条件时要注意：一是启发的问题的内容必须符合学生的知识基础和思维特点，太难太易都不利于启迪学生思维；二是要在课堂上造成一种生动活泼的集体思维的气氛，三是要注意学生的个性差异，尤其是要对差生进行个别指导，鼓励他们知难而进。

4. 多想，需要以练为主

多想才能出智慧。为使学生多想，教师要改以讲为主的"注入式教学"为以练为主的"启发式教学"。一般情况下，通常采用学、讲、练的模式进行教学。开始只提问题不讲解，让学生带着问题去自学、探讨。在此阶段，教师起着检查、引导和解疑的作用。然后教师进行精讲，这种精讲起着明确重点、理清系统、解决疑难的作用。讲后再练，使学生深入地理解、巩固知识及了解知识的应用。这样安排，课堂上大部分时间由学生自己练习、思考，充分发挥了学生的主体作用。

---

① 侯学萍、陈琳. 小学数学单元教学的整体设计 [J]. 教学与管理，2018，750（29）：49-51.

5.联想，需要课内外结合

要启迪学生思维，就要密切联系课内外生活实际，引导学生运用课内所学的几何知识去观察和联想周围环境中的各种几何图形，培养学生解决实际问题的兴趣、习惯和能力。

"五想"的核心是多想和会想，为了有效地引导学生通过多想而达到会想，教师还必须根据教材重点、知识的内在联系和学生的实际，精心设疑以激疑，循循善诱以导思，总结规律以教思，从而通过"五想"更好地启迪学生思维。

(二)数学创新思维培养的方法

（1）想象法，引导创新。想象是根据头脑中已有表象经过思维加工建立新表象的过程，它是数学发现中最活跃、最能动的因素，是创造能力中不可缺少的一种思维能力。心理学告诉人们，想象与创新思维有密切联系，它是人类创造活动中不可缺少的心理因素。根据这一特点，在教学中应鼓励学生大胆想象，并为丰富学生的想象力提供机会。在教学中，教师引导学生展开想象，可以帮助他们冲破现有知识经验的局限，往广处想、新处想、妙处想、趣处想，发挥学生学习的创造性。培养学生的想象力，要把创造想象渗入思维，与分析、推理相结合，才有完整的创新思维。在教学中还要求教师用有效的途径去设置一些"空白"，让学生用"想象"去填补，以发展学生的创新思维能力。

（2）猜想法，激励创新。猜想是人们在揭示问题实质、探索客观规律、寻找命题结论时，凭借自己的想象，进行估计、推测的一种思维方式。在教学中，教师利用猜想让学生进行学习、探索新知，可以激发学生的学习兴趣，锻炼学生的数学思维，培养他们的探索精神。

（3）迁移法，培养创新。迁移，是指人将在一种情境下所学到的某些原理、知识和技能运用到学习新知识、新技能或解决新问题等活动中去。许多数学知识之间具有共同因素，具有一定的可比性和关联性。教学时，教师可结合相关的知识点，引导学生回忆、类比、联想、迁移，以促进理解，激活思维。

（4）质疑法，调动创新。所谓质疑法，就是满腔热情地鼓励学生提出问题。鼓励学生质疑，是调动学生学习积极性的重要手段，是提高数学思维能力的有效途径。因此，在教学中，教师要根据教材特点，选择恰当的时机，鼓励学生质疑、释疑，使学生迸出智慧的火花。

（5）实践法，实施创新。实践是培养创新思维必不可少的一个过程，也是发明创造的源泉。在数学教学中，让学生手脑结合，操作实验，或者把所学知识应用于生活实际中，无疑对于培养学生的创新思维具有十分重要的作用。

二、如何培养创新思维

运用"竞争"的形式，培养学生的创新思维。任何一种创新活动，只有创新的意愿是远远不够的，还必须有强烈的创新动力。师生处于教学信息流程中，不仅有追求知识的同频共振，而且也有情绪生活的情感共鸣。

在运用知识的过程中，培养学生的创新思维。探究知识是为了运用，运用知识是使学生掌握知识、形成技能、发展智力的重要手段，它是沟通知识与能力的桥梁。运用知识可分两种。一种是学生在深刻理解知识含义的基础上，自觉地将所学知识运于实践，解决一些实际问题。另一种是在老师精心设计、科学安排下运用，如一题多解、一题多变、一题多问、逆向思维训练、难题巧解、从不同角度思考问题等，都对培养学生创新意识起着极其重要的作用。

总之，要把培养学生的创新思维和创新精神真正落到实处，就需要教师从多方面、多角度培养学生的创新思维，真正变"教师带着知识走向学生"为"教师带着学生走向知识"，使每个学生都成为具有创新精神和创新思维的新世纪合格人才。

开展丰富多彩的课外活动，是培养创新思维的重要途径。数学课外活动是对数学课堂教学的延伸和发展。根据学生的数学兴趣和爱好，开展多种形式的数学课外活动，对培养学生的创新思维具有重要的意义。在数学课外活动中，学生从生活和社会现象中找数学问题，探索思考，自我设计，自我解决，学生之间相互交流、相互切磋、相互启发，从而培养了创新思维。数学课外活动的主要形式有数学竞赛、数学兴趣小组、数学专题讲座、周末数学晚会、数学知识宣传、数学问题研讨、社会问题调查等。

总之，在数学素质教学中，针对当前小学生学习数学的实际情况，根据数学学科的性质和特点、数学教学的规律，采取多种形式促进学生创新思维的形成和发展，应成为数学教学指导思想的重要内容。

第四节　培养小学生数学创新思维的若干思考

一、创新是素质教育的核心

培养创新思维是我国新课程课堂教学改革的核心。然而，如何创新，则是摆在基础教育改革者面前的一项紧迫任务。必须以一种新的教育理念，以一种新的教育模式，以一种新的建树，去开创教育的未来，为社会培养创新人才。

(一)创新课堂教学观念

人类社会发展的历史，就是不断创新的历史。要创新，首先要解放思想，更新观念。然而，多年来普遍存在着"为应试而教，为应试而学"的倾向，评价一节课效果好不好，主要是看这节课里老师是否把知识完完全全地传授给了学生，却很少认真地思考过学生是不是在自主学习、创新思维、实践能力等方面都得到了发展。这种应试教育的教学思想根深蒂固地影响着老师的教学观，也影响素质教育的全面实施和高素质创新人才的培养。[①]

创造性人皆有之，只不过是有的人得以发挥，有的人仍处于开发的阶段而已。对于小学生来说，创新主要是指创造性地学习，即在学习活动中独立思考，产生新设想、新方法、新成果的学习。教师要改变那种把教学仅仅当作传授书本知识的狭隘眼界，真正把教学当作学习交流和自主探索的过程，改变过于僵化的教育教学制度，建立有利于学生创新思维开发的、灵活而富有弹性的制度。

把培养学生的创新思维和实践能力作为素质教育的重点，就要求在思想观念模式上实行深刻的变革。只有在教师中形成共识，树立全新的教育教学观念，培养学生的创新思维的实施才能得到根本保证。

(二)创新课堂教学内容

要实现教学内容的开放，就要树立新的教材观，要在领会教材编写意图和尊重教材重点、难点的基础上，灵活地、创造性地使用教材。教学内容要向学生的现实和生活实际开放，能反映学生的不同需求，而不应是教材的机械重复。要使教材成为学生自

---

① 黄红成.小学数学单位量教学的目标设置与方法探寻[J].教学与管理，2018，No.735(14)：45—47.

主学习过程中探索知识奥秘的工具，就要活用教材，使教材为学生的创新服务。

(三) 创新课堂教学组织模式

建立平等的师生关系，变学习过程为师生间的平等交流与共同活动。在创新思维的前提下，老师不是权威，而是教学过程的组织者、指导者和参与者。老师应该成为学生的朋友，要与学生在平等的条件下，用自己的激情吸引学生一起投入到数学学习活动中去。教学中要做到用亲切、平等、商量的口吻与学生交流。只有这样，学生才会敞开心扉，和老师一起去探索、去发现。

鼓励学生对同一个问题积极寻求多种不同的思路和方法，允许学生自由表达不同的意见。

传统教学中，老师问学生答是常用的教学形式，老师提出一个问题后，让一个学生站起来回答，一个答不上再多问一个，答对了，就算全班都懂了。其实，这样的一问一答并不意味着所有学生都懂了，也不意味着此问题就这一个答案。因为大部分学生都没有发言的机会，纵使有不同的想法也得不到老师的肯定或否定，只好放弃了。这种强制、封闭的教学限制了学生个性和主体性的发展，长此以往，容易养成学生一种服从、保守、循规蹈矩的人格特征。所以，教师在教学中要尽量减少整齐划一的要求，对同一个问题注意用"谁还想说""谁还有不一样的方法"等话语鼓励学生大胆发表独立的见解、勇于创新。因为，对同一个问题，不同的人由于思维方式的不同，运用的策略也不尽相同。教师要善待新奇的想法，鼓励学生"别出心裁"。所以，在教学中要让学生不守旧于框框，不拘泥于形式，要有独到的创见、变换的思维、更新的方法，这样才能有助于学生创新思维的养成。

采取激励的评价机制，做到赏识学生、尊重学生、鼓励学生，注意保护和充分调动每一名学生创新的主动性、积极性。

在课堂上，对学生勇于回答问题的行为，老师首先应给予肯定，至于回答的正确与否是第二位的，是可以经由学生集体讨论逐步澄清的。老师应更多地关注学生对数学的积极态度和创新热情，特别要注意保护学生尤其是学习有困难的学生的学习积极性。教学中做到不只是评价学生的做法正确与否，更要注意评价他们的学习态度、参与程度、交往状态，评价学生自身的发展水平及探索创新的过程。

二、知识教育重新定位的相关问题

过去强调"双基"，只满足于学生掌握基础知识和基本技能，只满足于学生会的程度。现在不仅要求学生学会，而且要求其能够理解和运用，并且能将所学的知识与其他知识有机地、系统地联系起来。学生在校期间的学习，不一定要具备完整的知识，但是要注重将知识联系起来、综合起来。这种方式的训练和习惯的养成，慢慢形成定势，学生就会具备终身学习的基础。要将知识当成一种载体、一个桥梁、一种工具，提高学生解决问题的能力。在新的课程改革中，一定不要停留在知识的简单传授上。

（一）如何对待创新课堂

在实施新课程改革的过程中，教师要对自己的角色准确定位，教师应引导学生乐学、活学、会学，要创设各种教学情景与气氛，激发学生的求知欲和学习动机，让学生主动学习、乐于学习。在具体的教学过程中，教师要有机地、巧妙地设计问题，以问题为中心，围绕问题让学生思考，教师要以问引导、以理导思、以变发思、以情激思，引导学生变"死学"为"活学"。并且，教师在教学中还要加强学法指导，引导学生掌握基本的学习方法，使学生形成基本学习技能。

要对学生进行六大解放：解放学生的头脑，学生才能独立思考，大胆创新；解放学生的眼睛，学生才能观察世界；解放学生的嘴巴，学生才能大胆发表自己的见解；解放学生的双手，学生才能从事科学的实验，从事发明创造；解放学生的时间，学生才能接触大自然，接触社会，取得丰富的知识；解放学生的空间，学生才能学一学自己想学的东西，思考一下自己乐于思考的问题，干一点自己高兴干的事。所以在教学方法上要坚持鼓励学生积极动脑，勤于思考。教师应采用直观、创设情景等方法，丰富学生的感性认识，激发其动脑的积极性。鼓励学生动手，教师要创设一切条件让学生多实践操作，提高动手能力。鼓励学生动口，畅所欲言，改"一言堂"为"群言堂"。鼓励学生善于观察。教师要注重培养学生良好的观察习惯，教给学生观察的方法、技巧。

（二）创新课堂教学的手段

在教学已经进入现代化、信息化的今天，"一本教科书、一本教参、一支粉笔加上一块黑板"的原始的、传统的教学手段已经远远不能适应新课程改革的教学需要。所以，教师们要充分利用课堂教学所需要的图书资料、实验仪器、多媒体网络等学习资源和手段，为新课程改革的需要提供一切的教学服务，从而更好地提高新课程实施后的课堂教学效率。

三、关于课堂上教师应给予学生的问题

首先，要给予学生充分的鼓励。要鼓励学生相信自己能行，要敢于梦想成功。在课堂教学中可以有机地结合教材内容介绍古今创新成功的事迹。从埃及的金字塔到我国的四大发明，从门捷列夫发现化学元素周期表到比尔·盖茨创立微软事业，都是从梦

想开始的。所以，要鼓励学生好奇、坚持、勇敢，更要鼓励学生冒尖，要正确处理照顾大多数学生和鼓励少数学生超常发展的关系，面向全体学生，使所有学生都有所发展。①

其次，要给予学生充分的实践。教师必须冲破学科课程的樊篱，使课堂向活动领域、环境领域延伸，从而拓展学生创造的空间。作为教师，在课内必须有意识地培养学生的创造思维。在新课程改革的今天，教师更要为学生提供广阔的课外活动的空间和天地，要正确引导学生将创新活动向生活延伸，增设活动课程、校本课程、选修课程，如团队活动、劳动制作活动、听读写活动、文体活动、计算机操作活动、健康教育活动、心理咨询活动等。

最后，要给予学生充分的自由支配时间。在"应试教育"的阴影下，在中考、高考的重负荷面前，学生长时间坐在教室里，除了读书还是读书。每天有做不完的练习，有无尽头的重复的考试，使活泼天真、充满幻想、充满好奇、富有想象力的学生变成了只会解题的"机器人"，使得他们根本没有时间思考，更无法创新。

① 姜仁建.小学数学教师数学教学知识（MPCK）来源的调查研究 [J].上海教育科研，2017：48.

第三章　小学数学教学的理论透视

小学数学是一门基础性学科，对于锻炼学生的思维能力和逻辑能力具有积极作用。近年来，越来越多的老师和专业人士开始关注小学数学教学的探究，为促进小学数学教学改革发展不断努力。本章对小学数学课程标准与教材进行研读，分析小学数学教学方法，探讨小学数学课堂教学结构与类型，研究小学数学教学设计的步骤和文本规范。

第一节　小学数学课程标准与教材研读

小学数学是基础教育的一门重要学科，是进一步学习其他知识的基础，也是每个公民必备的基本素养之一。

一、课程标准的研读

(一) 课程的简介

对课程的界定很多，我国的"课程"，始见于唐宋时期。英语"curriculum"（课程），是从拉丁语"currere"一词派生出来的，意为"跑道"（racecourse），指"学习的进程"，简称"学程"，是个体对自己经验的认识，关注的是个体经验的积累。

把课程比作施工的蓝图，教学就是具体的施工，而教师就是建筑工程师，学生就是一幢幢大楼。在工业化时代，"大楼"

以"批量生产"为主，施工蓝图是统一的，造出来的大楼也是大同小异。进入信息化时代，人们提倡个性化，强调"大楼"要有"文化底蕴"和特色，因而提倡课程的多样化。

如果把学制比作一列火车，课程就是车厢里的货；如果把学制比作精美的篮子，课程就是篮里的菜。课程是凹透镜，把最有价值的内容收集在一起，从某种程度上说，课程结构影响人的发展，甚至决定人的素质，所以，教育改革的核心是课程改革。

对课程的不同理解反映了不同的教育理念。当前对课程的定义大致有以下六种：

（1）课程即教学科目。我国古代有礼、乐、射、御、书、数六艺，欧洲中世纪初有文法、修辞、辩证法、算术、几何、音乐、天文学七艺，"六艺"和"七艺"都是指学科，强调学校向学生传授各学科的知识。

（2）课程即有计划的教学活动。这一观点强调的是教师的教，往往会把重点放到可观察到的教学活动上，而不是放在学生的实际体验上，这实际上是本末倒置。

（3）课程即社会改造。这一观点认为课程不是要使学生适应或顺从社会文化，而是要帮助学生摆脱现存社会制度的束缚。

（4）课程即预期的学习结果。这一观点认为课程不应该指教学活动本身，而应关注预期的学习结果或目标。

（5）课程即学习经验。把课程的重点从教材转向学生个人，但在实际的班级化教学中，一个教师无法同时满足四五十个学生的个人成长需求，因此在实践中很难有效实行。

（6）课程即社会文化的再生产。这一观点认为个体是社会的产物，教育就是要使个体社会化，因此有人说"教育就是把一个自然人变成社会人"。

广义的课程泛指所有学科以及学生在教师指导下的各种活动。课堂教学活动化，课外活动课程化。所谓的课程化，就是要有课程计划、课程目标、课程内容、课程资源和课程评价，如果活动没有明确的目标指向，就不能称为课程。有了上述几个要素的课外活动才能被认为是课程。

(二)课程标准的简介

在目前大多数学校都采用分科教学的背景下，狭义的课程仅就一门学科而言，这时的课程主要指课程标准。

小学数学课程标准又叫小学数学教学大纲，课程标准这一说法是沿用了欧美的习惯，而教学大纲的说法则是引自苏联。也有学者认为课程标准是最低标准，与教学大纲有区别。教学大纲是指向结果性目标，强调"双基"(基础知识和基本技能)的落实，而课程标准更加重视学生能力的培养和素养的提高。

改"教学大纲"为"课程标准"，预示着基础教育课程与教学的时代转型，也标志着教师专业化建设开始起步，标志着教师再也不是课程的执行者，而是课程的研究者和创造者。自觉参与课程研制、选用合适的教材教学、为了每一个学生的发展，将成为教师专业工作的三大准则。而这三大准则，集中体现在教学内容的选择和创生上。[①]

二、教材的研读

数学教材为学生的数学学习活动提供了学习主题、基本线索和知识结构，是实现数学课程目标、实施数学教学的重要资源。它要求教材的编写应以课程标准为依据，但由于数学课程内容是

---

① 蒋盼盼，杨钦芬.我国小学数学课标表现标准的缺失及改进 [J]. 教学与管理，2018，No.739(18)：88-90.

按照学段制订的，并未规定学习内容的呈现顺序。因此，教材可以在不违背数学知识逻辑关系的基础上，根据学生的数学学习认知规律、知识背景和活动经验，合理地安排学习内容，形成自己的编排体系，体现出自己的风格和特色。

在教材的编排上，一是要体现科学性，即要符合数学的学科特征和小学生的认知规律；二是要体现整体性，不仅要体现数学知识的整体性，更要突出数学思想和方法的整体性和逻辑性，遵循"由浅入深、由易到难、循序渐进、螺旋上升"的编排原则。

在教材内容的呈现上，要求呈现的不仅是结论性的知识，更要体现"重要的数学知识和方法的产生、发展和应用过程"，即能够反映"过程性"的要求。同时，呈现的内容要有一定的弹性和可读性，易于被小学生接受，以激发小学生的学习兴趣。

在教材素材的选择上，要能够贴近学生的生活实际，充分考虑学生的认知水平和活动经验。教师要从学生熟悉的生活现实、数学现实和其他学科现实中提取数学学习的素材，让学生在现实生活中发现数学、学习数学，这对小学生而言尤其重要。

(一) 为何研读教材

小学数学教材是编者根据数学课程标准的要求，在对各学段教学内容进行系统分析以后，按学生的身心发展规律，在周密考虑和精心加工的基础上编制而成的，是学生学习数学的重要资源，其重要性不言而喻。

数学课程标准规定的各内容领域，在小学数学教材中都以文字、符号、图形的形式用情境、例题、习题和活动栏目等展示出来。教材具有简明、概括、图示为主、语言精练等特点，但由于受多方面的限制（如学生识字量的限制、语言和篇幅的限制等），许多数学知识的产生、发展和科学严密的数学表达在小学数学教材中不易被体现，需要教师深入钻研，仔细分析，以了解教材编写者的意图，正确把握教学目标和内容。

首先，可在学生读题的基础上，探讨"什么叫估一估"，然后抽同学随便估算，要说出估算的依据就可以了。例如，肯定不到800只，肯定多于600只，等等。这些都用整百数来估算，比较简单明了，学生容易想到。在打开学生的话题后，进一步提出要求，"小组讨论：如果用相邻的整十数来估算，可以怎样估呢?"

其次，在学生反馈汇报时，教师要及时总结提炼，并加以点拨。例如：当学生可以用470+230=700来估算时，教师通过"是用个位都向十位进一的方法来估算的"，同时板书"进一法"；当学生说"可以用460+220=680来估算时"，教师强调"用去掉个位上的数，直接看成整十数"进行估算，同时板书"去尾法"。这样当学生把小组讨论的结果汇报完毕时，教师也就顺势把三种估算方法板书出来了，起到了画龙点睛的作用。

最后，让学生用笔准确计算，对比估算结果和精算结果，从中让学生体会"优化"的思想，知道在通常情况下，用"四舍五入法"会比较接近准确数。

可见，教材中不仅告诉了教师"教什么"，还通过文字、图示和呈现的先后顺序体现了"怎么教"。教师如果不认真研读教材，就可能只关注显性的知识内容，而不能把握教材中蕴含的隐性的思想方法，也就不能合理地组织教学内容、科学地安排教学流程，无法落实数学课程要求达到的三维目标。

（二）研读教材的层次

研读教材一般要分如下四个层次：

（1）了解全套教材的内容安排、整体框架和编写特点，做到通览全貌。

（2）分析本册教材中各章各节的教学内容、编排体系和教学时间分配，以了解所教内容在该单元的地位和作用。

（3）仔细分析本单元知识内容框架，如：共分几小节，安排了多少例题、多少习题；单元的主题是什么；如何确定单元教学目标；需要几课时完成；例题和习题如何搭配；需要使用和开发哪些课程资源等。

（4）深入钻研本课时教学内容，包括每个例题的编写意图、每幅画的用意、每个习题的目的，有时连一个符号都不能忽视。因为这关系到数学知识的规范表达以及数学语言和思维的示范引导。

（三）研读教材时应注意的事项

（1）尊重教材的编写意图，注重科学性和思想性。这是教学设计的前提。一般情况下，不要轻易改变教材的例题。

（2）充分考虑学生的实际情况和生活经验。教师作为课程的开发者，要有自己的独立思考。必要时可以修改教材中的习题等素材，使之更贴近学生的社会生活和身心发展的特点，以激发学生的探索欲望。例如，教师可采用编故事或学生感兴趣的话题来预设教学情况。

（3）明确教材的知识要点以及蕴含的思想方法。同时要找准教学的起点，合理确定教学内容的深度和广度，以适合不同学生的学习需要。

（4）关注学生的数学阅读能力，帮助学生读懂教材。

第二节　小学数学教学方法解读

　　小学数学教学活动是学生在教师的指导下，对已有的数学知识进行认识的活动，是一种特殊的实践活动。

　　其特殊性主要表现在三个方面：首先，认识的对象具有特殊性，因为小学数学教学活动是对已有的数学知识的理解和建构，而不是创造；其次，认识的条件具有特殊性，小学数学教学活动是经过精心设计的数学学习过程，需要还原知识创造过程；最后，认识的目的具有特殊性，通过小学数学教学活动，不仅要让学生掌握基础知识、形成基本技能，更要让其经历学习过程，积累活动经验，感悟数学思想方法，发展情感、态度、价值观。为此，在小学数学教学中要重视教学方法和手段的合理使用。

一、教学方法的种类

　　（1）讲解法。讲解法是传统的教学方法之一，是教师按照数学知识的逻辑顺序系统地把知识传授给学生的方法。讲解法的优点是知识结构完整，节约时间，效率高，课堂节奏可以由讲课者控制，如果教师能深入浅出、风趣幽默、吸引学生，则运用讲解法对提高学生的学习效率有很大的促进作用；但讲解法不适宜小学低段学生，这不仅因为他们不习惯长时间坐着听课，更因为小学低段学生知识量少、理解能力欠缺。同时，由于讲解法的信息输入手段单一，学生参与度低，对学生积累活动经验、提高思维能力没有太大帮助，对知识的长时记忆也十分不利。所以，讲解法一般适用于陈述性知识或程序性知识的学习，适用于年龄较大的学生。

（2）谈话法。谈话法也是传统的教学方法之一，是教师按照一定的程序，通过师生对话，在与学生的交谈中让学生逐步理解掌握知识的方法。谈话法能促使学生参与知识的学习，吸引学生的注意力，提高学生的语言表达能力和思考能力。在谈话过程中，教师还能及时了解学生的学习情况，及时获得反馈，这不仅能帮助学生加深对知识的理解，更能帮助学生增强学习自信心。使用谈话法还可根据学生的反馈情况及时调整课堂教学节奏，以适应大多数学生的学习需要。谈话法在低年级教学中比较常用。

但是，由于小学生的回答常常具有不可预测性，且有时学生会出现词不达意、表达不清的情况，因而需要教师及时做出反应，这就容易打乱课堂教学的逻辑结构，造成教学时间上的浪费，课堂效率相对低一些。

（3）发现法。发现法要求学生在教师的认真指导下，像科学家发现真理那样，通过自己的探索和学习发现事物变化的因果关系及其内在联系，形成概念，获得原理，是与传统的讲解法截然不同的一种教学方法。

教学时，教师只给学生一些事实（实例）和问题，让学生积极思考、独立探究、自行发现并掌握相应的原理和结论。通过发现法，学生能够同时体验到发现知识的兴奋感和完成任务的自信心，这种兴奋感和自信心是激发学生学习的内在动力。

发现法的指导思想是以学生为主体，让其独立完成认识过程，即在教师的启发下，学生在自觉、主动的探索中，实施科学认识和解决问题的方法及步骤，形成自己的观念和方法。

（4）练习法。练习法也是数学教学中常用的方法之一，数学概念的掌握、数学规则的应用、数学问题的解决都离不开练习。解题是数学的心脏。通过练习，不仅能把数学知识内化到学生自己的认知结构中，而且有助于学生逐步理解和掌握数学思想和方法。但练什么、怎么练，则是需要长期研究的问题。

经过探究虽然知道了这不是规律，类似的等式很难再被找到，但学生自觉自愿地做了很多两位数乘法的练习，学生的计算能力在不知不觉中提高了。这就是教学方法的作用——通过练习法让学生掌握计算技能。

（5）部分探究法（简称探究法）。探究法是"新课标"实施后使用较多的一种方法，介于发现法与讲解法之间。教师根据课堂教学的实际需要可选择部分内容让学生自主探究、合作交流、发现规律。学习加法交换律，接着让学生自主探究乘法、减法、除法是否具有交换律，这里就用到了部分探究法。学生不仅很快发现乘法具有交换律，更能在举例"3-3=3-3 或 6-6=6-6"的过程中思考减法是否满足交换律，从而反思所谓的加法交换律是对"任何一个数"都成立，而不仅仅是"无数个"成立，这反过来又加深了学生对加法交换律的理解。显然，探究法对培养学生的深层次思考有至关重要的作用。

二、发展态势

（1）学生的学习活动要从原来的"被动接受"向"主动建构"发展，如何让学生"主动建构"是教学设计中需要重点思考的问题。

（2）合作方式的变化。原来的谈话法更多的是师与生的对话，属于"个体间活动"，现在更强调"群体互动"。也就是说，不仅有师生互动，还有生生互动。

（3）从大量的"机械学习"到关注学生的"意义学习"，让学生在理解的基础上进行有意义的学习和活动。即使采用讲解法，教师也要让学生理解知识的来龙去脉，把知识的发生和发展过程讲清楚。

　　这里特别要指出，讲解法和练习法不一定就是"机械学习"，发现法如果设计不好有时也会陷入"机械学习"的泥潭。所以，采用什么教学方法需要从教学目标、教学内容、学生年龄特点、设备条件和教师自身特点等多方面考虑，但是否有效最终还取决于教师的教学设计。①

　　同时，要明确一节课中通常都是以一种教学方法为主，同时配合使用其他教学方法，这样的课堂教学才会更加丰富多彩、充满活力。

第三节　小学数学课堂教学结构与类型

　　小学数学课堂教学一般都要经历以下三个阶段，分四个主要环节。这三个阶段是：开始阶段、中间阶段和结束阶段；四个主要环节是：导入环节、重点环节、练习环节、结课环节。由于学习的内容不同、教学的目标不同，课堂结构和环节也会有比较大的差异。

一、课堂教学结构的组成

（一）小学数学课堂教学结构的整体功能及特点

1. 小学数学课堂教学结构的功能

数学教学是一个整体，一节数学课也是一个整体，作为一节

---

① 李静，宋乃庆 . 关于新小学数学教学参考书编写的思考 [J]. 数学教育学报，2010，19（3）：78-81.

数学课的各个组成部分的搭配和排列，即课堂教学结构，也可以看作一个整体。但整体功能不等于各部分功能之和，要把各教学环节组成一个合理的有机整体，不仅要充分发挥各教学环节的功能，而且要发挥各部分互相联系而形成的功能。一堂数学课中各个环节都是为实现数学目标服务的，如："新课引入""启发引导"是探讨数学知识的规律的，因此要最大限度地组织学生积极参与；"问题情境"这一环节，主要是为知识正迁移做准备；"巩固练习"要有计划性和针对性，做到题目的难易适度、题量适度、层次分明，既体现因材施教，又要面向全体。此外还要使各个教学环节互相协调、相互促进。譬如在新授课中，安排新课引入的内容过多，把结合与新知识有关的内容，不管有必要与否，都重新复习一遍，结果花去了学生精力最旺盛的"黄金时间"，也将严重影响其他教学环节的实施，教学效果自然不会好。假如有某一个教学环节目的性不明确或与整体结构不够协调，则会削弱乃至破坏整体功能。由此可知，任何一个教学环节的质量状况都会对整个结构功能产生重要影响。教师在教学中应该通过改善和提高某些教学环节的质量，以达到整体优化的目的。

2.小学数学课堂教学结构的特征

结构与功能是相互联系、相互依存、相互制约的。特定的结构产生特定的功能，特定的功能离不开特定的结构，教学结构的特点是具有灵活性。灵活性是指安排各教学环节时的搭配和排列，应从教学目标出发，按教和学的实际建立合理结构或调整改变结构，有针对性地把问题情境、新课引入、启发引导、巩固练习、课程总结和课堂作业等基本环节妥善安排，做到演示、操作、阅读、讨论、讲解、练习等各步骤有机结合、协调一致，以达到系统功能的优化。

小学数学课堂教学结构的灵活性表现在：

（1）不同的教学内容，应有不同的教学结构。数学概念是反映客观数量关系和空间形式本质属性的思维形态，具有高度的抽象性，学生较难理解。所以教数学概念时，在课堂上应突出演示、操作、说理等环节，把其本质属性概括出来，把非本质属性舍弃，使学生不仅懂得结论，而且掌握获取知识的思维过程。数学法则是数学计算的依据，它的教学往往是在联系已有知识基础上运用正迁移规律进行的，如三位数除多位数的除法法则是在两位数除法法则中的延伸、乘法法则是从相同数连加推出的。因此教学法则应在课堂结构中突出探索或练习这些环节，提供诱发概括新法则的背景材料，促使学生完成知识迁移过程。因此，边讲边练或先练后讲就成为法则教学的常用的结构形式。而应用题教学则不仅要让学生掌握常见的数量关系和解答方法，而且应着力培养学生的思维能力、开发学生的思维能力、开发学生的智力。所以试题比较、自编试题等应作为常用的教学结构。

（2）不同的学生情况，应有不同的教学结构。根据学生实际调整改变教学结构，是优化结构的一项重要工作。同样的教学结构，对于优等生来说教学效果好，而对于后进生来说则不一定行得通。例如，在应用题教学中，教师应安排出让学生读题的教学环节，给学生足够的时间读题，让各类水平的学生都有机会讲述，互相促进。

（二）小学数学课堂教学的类型

1. 新授课

新授课，顾名思义就是以学习新知识、新技能为主的课型，教材中常常通过例题或活动设计来展示。小学数学中的新授课一般只学习一到两个知识点，其课堂教学有五个主要环节，即引入—新授—巩固练习—总结—作业，这种课堂结构由苏联教育家凯洛夫提出，是我国目前通用的判定一节课是否完整的标准之一。

第一环节"引入"主要目的是激发学生的学习兴趣，引发思考，为下一环节做好心理和知识上的准备。

第二环节是本节课的重点部分，学生知识和技能的掌握、思想方法的领悟、活动经验的积累都始于此。

第三环节一般会有三个层次，即模仿练习、变式训练和综合应用，至于是否每节课都需要完成这三个练习环节，则要看课堂教学时间的多少，有时后面两个层次的练习会安排到与此配套的练习课中完成，但"当堂内容当堂练习、当堂批改"是提高数学教育质量的宝贵经验，值得借鉴和学习。

第四个环节"总结"是必不可少的，起到画龙点睛的作用。教师要把每节课的学习内容纳入学生的认知结构，需要让学生知道学到了什么，让学生养成总结、提炼和反思的习惯。课堂教学在完成上述四个环节后，还会布置一些课外作业。作业并非都是书面作业，从"减负"理念出发，一般一、二年级不留课外的书面作业，只留一些口头作业，如观察、游戏、向家长复述等，让学生逐步学会从数学的视角进行思考。

2. 练习课

练习课是小学数学中常见的一种课型，有其独特的结构和要求，在练习课中也要运用练法。

练习课的目的是帮助学生把知识转变成能力，其课堂教学也有五个主要环节：基本练习—变式训练—综合应用—总结与推广—作业。教师需要根据学生的前期学习情况确定练习的内容和深度。新教师常常会把练习课上成让学生按教材中的"练习题一题一题做，再进行校对答案"的形式，使练习的质量大打折扣。

（1）练习课的步骤。

第一，"基本练习"起"下保底"的作用，加减200道基本题、乘法口诀等数学最基本的内容需要经常练习，与新授课例题同一类的问题需要通过这个环节承上启下，同时也是教师检查新授课效果或反馈作业批改情况的必要环节。

第二，变式题的设计至关重要，它是提高学生数学学习能力的关键环节，也是考验教师教学水平和衡量这节课是否有效的重要标志。

第三，把近期学习的或与此相关的知识点联合应用的过程。如学习两位数减一位数的退位减法后，学生对此类计算题可能会达到"计算全部正确"，但如果把两位数加一位数、两位数减整十数、两位数减一位数的不退位减法等混合在一起计算，学生可能会出现许多错误，这些错误老师们平时都以"粗心"两字解释，但事实上是学生对各知识点以及各知识点的关系还不够清楚，或受思维定式的影响，产生了负迁移，因此教师对此需要加以关注。

第四，环节"总结"与新授课的"总结"环节也有区别，需要把知识串点成线，揭示知识关系，以帮助学生建立良好的认知结构。

（2）练习课的设计的注意事项。应注意以下几点：

第一，目标清晰，针对性强。在教学设计中教师就应明白通过本节课的学习，需要巩固哪些知识，形成哪些技能，沟通哪些联系，以便在教学中"查漏补缺，串点成线"。

第二，创设情境，激发兴趣。练习课更要注意激发学生的学习兴趣。如层次分明，有梯度。为达到循序渐进、螺旋上升的目的，练习题有合理的梯度，才能让学生产生拾级而上、步步登高的愉悦感。

第三，形式多样，有新意。由于练习课是对新知的巩固，容易让学生产生"无聊"的感觉，所以练习题，特别是主要的变式题，要有新的形式、新的题材、新的思路、新的方法，让学生有新的体验，学生才会乐于参与其中。

第四，举一反三，促思考。通过练习，学生能学会一种方法、掌握一种思路、发现一种规律，达到以例及类、举一反三的目的。

3. 复习课

复习课是以使学生系统掌握知识、培养学生综合应用能力为主要任务的一种课型。小学数学中的复习课，有单元复习和总复习之分，一般安排在学期初、各单元结束后、期中和期末等不同时间段。单元复习目的是把本单元的知识连线成网，期初、期中、期末复习则需要把上学期、期中前、整册内容分块进行复习。这两类复习课的教学目标虽有差异，但课堂教学环节还是基本相同的，需要经历"旧知再现—形成网络—灵活应用—总结与提高—作业"五个主要环节。

复习课教学设计时要抓住四个要点：一是教什么，要明确复习的目标。二是怎样教，要选择复习的策略。三是教得怎么样，要在了解学生的基础上，构建知识网络图。四是怎样用，要给学生分类指导，让不同程度的学生都有所提高。

随着课程改革的不断深入，课堂教学的方法和形式发生了比较大的变化，如新授课原来强调课前铺垫，现在更关注创设情境，这是因为教学设计的理论依据发生了变化。新课程强调建构主义学习理论指导下的教学设计，重在让学生学会用数学的"眼光"观察事物，提出问题，用数学的"语言"进行对话，用数学的"思维"进行思考。因此，相应的课堂教学形式也变了，从过去的"静态呈现"到现在的"动态生成"，从过去的"听数学"到现在的"做数学"。这些变化对教师的课堂教学提出了更高的要求，对教师的教学设计能力也带来了前所未有的挑战。但老师们必须明白，这些挑战并非让老师们放弃传统的教学方法和基本规范，而是要在学习传统的教学方法和基本规范基础上，进行改革和创新。

第四节　小学数学教学设计的步骤和文本规范

一、小学数学教学设计的步骤

（一）教学内容分析及学生情况分析

教学内容分析主要包括：单元主要内容及课时分配，教材的编写特点，教学内容的数学核心思想，以及在此基础上的思考。对单元主要内容的分析是希望教师能够从单元的角度考虑每节课的设计，使每节课的设计都考虑所教内容在单元中的地位和作用。教材的编写特点是希望教师能深入分析教材是如何编写的，以及反映出来的编写意图。

学生是带着全部的丰富性进入课堂的，这不仅仅包括学生已有的知识，还包括学生的经验、学生的困惑、学生的情感等。因此，教学设计必须基于对学生情况的分析，这包括学生已有的知识基础、学生的生活经验和学习经验、学生的学习困难和学生的学习兴趣、学习方式等。

已有知识基础的调研可以通过设计几个指向明确的小问题实现，对这方面的数据统计及分析是更为重要的，这种分析是教师设计和修正"教学目标"的重要依据。值得强调的是，要想真正地了解学生，不能仅仅依靠经验，还需要一定的调研。调研方式包括小测试、访谈、课堂观察、作业分析等，教师需要根据不同的目的合理选择学生经验、学生学习困难、学生学习兴趣等。调研可以通过访谈实现，可以是抽样，也可以是有针对性的。

（二）教学目标确定

基于对教学内容的分析和学生情况的分析，教师就可以确定教学目标了。教学目标是设计者希望通过数学教学活动所达到的理想状态，是数学教学活动的结果，更是数学教学设计的起点和核心。

教学目标是为学生的"学"所设计的，教师的"教"是为学生学习目标的达成而服务的。《全日制义务教育数学课程标准（实验稿）》从知识与技能、数学思考、解决问题、情感与态度等四方面规定了学生应该达到的目标，因此，教学目标的确定也需要全面体现数学教育的多方面的育人价值。[1]

当然，教学目标的制定应从多个方面进行思考，但具体形式上并不一定逐条对应。教师们应该在数学教学中努力去实现目标的整合。只有通过整合，才能避免淡化所谓"软目标"（如情感与态度）的倾向，使所有目标都能落在实处；只有通过整合，才能使各个目标之间互相促进；只有通过整合，才能使课堂教学效益尽量达到最大。

---

① 李渺，喻平，唐剑岚等．中小学数学教师知识对数学教学的影响之比较研究［J］．上海教育科研，2007（5）．

（三）教学活动设计及评价设计

为了达成教学目标，教师还需要精心设计教学活动。教学活动包括活动内容、活动的设计意图、活动的组织和实施，以及活动的时间分配。其中，活动的设计意图是以教学活动和活动的组织实施为目标，"辩护"的出发点是分析它们是否促成了教学目标的达成。活动的组织和实施是指教学活动开展的具体形式，包括提出任务、组织合作学习、组织交流、讲授等。

教学设计中所提出的教学目标是否达到，还需要评价。评价的形式也是多样的。对于知识技能的评价，可以当堂课或课后设计学生能够做的几个小问题来加以印证。它们应该是指向明确的，即教师可以设计一些"后测"。后测的目的并不是简单考察学生会不会做，更重要的是为教学目标的达成提供依据，为教学的教学反思和教学改进提供依据。

二、教学设计的文本框架及规范

备课是传统的小学教师五项基本功之一。备课是这样定义的：教师在上课前的教学准备。它主要分为学年（或学期）备课、单元备课、课时备课。备课通常有以下环节：研究教材、了解学生、制订教学进度计划和编制教案。教学设计是在传统备课基础上发展起来的，包括学期设计、单元设计和课时设计，并遵循备课的基本步骤：学习国家课程标准—钻研教材—了解学生—确定教学目标—设计教学进程—撰写学期（单元、课时）计划。

备课的书面形式是教案。教案是教师以课时或课题为单位编制的教学具体方案，是上课的重要依据。教案又称教学方案或课时计划。见下表3–1。

表　教学设计活动与传统教案的对比

教学设计活动方案	传统教案
教学分析（包括环境、学习者特征、学习内容）	基本信息（上课班级、地点、教师、教材分析）
教学目标（重点、难点）	教学目标（重点、难点）
教学资源（含教具、学具设计、学习资源）	教学准备（教具、学具、多媒体准备）
设计思路（宏观与微观）	设计意图（针对本节课）
教学流程及说明	教学过程
板书设计	板书设计
评价（关注学习效果）	课后反思（关注教后感）
宏观设计下的微观活动方案	每节课的教学方案
关注点：分析、依据、理由、策略、流程等整体思考过程，具有时代性	关注点：细节、操作、行为、语言、设问等具体操作过程，具有实用性

　　显然，教学设计活动方案与传统教案的最大区别在于增加了学习环境分析和对教学设计的自我评价，更多地关注对学习者的分析和教学设计的宏观分析。也就是说，教学设计的视野更开阔，设计一节课考虑的是整个教学场景，这里不仅有教师、学生和教材，还有外部环境和学习氛围等。

　　新教师先要学习教学的基本规范，学会写规范教案，待基本技能扎实后就应学习探索新的方法和技能。而那些追求高教学质量的教师则会在不断创新的过程中挑战自己，寻求更大的突破。

　　教师日常备课时所书写的教案相当于教师们日常穿的衣服，而本书强调的教学设计活动方案则像时装，它不仅要有服装的基本要素，更要有设计理念和时尚元素，需要教师在新课程理念的指导下，遵循教育教学规律，并在传统教案基本规范的基础上体现创新性和价值追求。

传统教案分详案和简案，新教师一般要求写详案。因为小学教师要学习如何与儿童交流，如何组织语言，如何设计节之间的过渡语言，如何有效使用评价语等。因此，教师需要通过详案一字一句地推敲，以掌握儿童的语言体系。

不论是详案还是简案，其逻辑框架和基本规范都是相同的。传统教案的格式一般包括以下几个方面：

（1）课题。课题是一节课的主要内容的概括，犹如文章中的标题，说明所要学习的对象是什么，重点是什么。在板书设计中也必须写课题，不论时间多么紧张，课题是必不可少的。课堂教学中怎么揭题、何时出示课题等都是需要研究和思考的。

数学课的课题不能太笼统，也不能用比喻，要一语中的、直截了当，以免误读，如口算两位数减一位数的不退位减法、两位数减一位数的退位减法等，要让人一看课题就能知道要学什么。又如把课题设计成"小括号"与设计成"含有小括号的加减混合运算"，它们的目标定位是不一样的。前一个课题是把"创造"小括号作为教学重点来学习，后一个课题则关注的是"按什么顺序算，如何计算正确"等问题。

（2）教学目标。教学目标包括教学重点和难点的确定，可从"知识技能、数学思考、问题解决、情感态度"四个方面来书写，也可从"知识与技能、过程与方法、情感态度与价值观"三个维度来书写，或者从"基础知识、基本技能、基本思想、基本活动经验"四个方面来书写。有的教案不标注哪个维度，直接用几个小点来书写也可。但仔细分析还是可以知道每个小点所涉及的目标维度。教学目标的书写形式虽然不限，但准确定位目标非常重要，这是一堂好课的基础。

（3）教学准备。为了提醒教师课前需要准备好的材料，包括多媒体课件和教师示范、学生操作的材料等，在教案中一般会写出教学准备。

（4）教学过程。教学过程是教学的核心部分，需要根据不同的教学目标和学习内容，按照新授课、练习课、复习课等不同课型，安排不同的教学环节。

（5）板书设计。板书设计是一节课的核心框架和主要内容，好的板书设计不仅要有知识性，更要有艺术性。如何设计板书将在第五章中详细分析。

（6）课后反思。课后反思是教师上完课后的思考和改进策略，不仅有成功经验的总结、学生情况的记录，还有对教学中不尽如人意的地方提出的改进意见，这是促进教师职业发展的有效环节。

三、教学设计的内容分析

（一）教学任务

教学任务分析主要从学习内容、学习者特征和学习环境三个维度进行，在此基础上确定教学内容（课题）、教学目标、教学重点和难点。与传统的教案相比，增加了对学习者特征和学习环境的分析。

小学数学教学内容的分析，是从数学本身的角度确定学习的范围（教什么）、学习的顺序（怎么教）和学习的深度（教到什么程度），需要从学习数学课程标准、钻研小学数学教材、借鉴小学数学教学参考资料这三个方面入手。有了教学目标，教学的重难点也就十分明确了。

（二）学习者特征

学习者特征分析一般可从学习理论视角分析该年龄段学生的学习特征，但对一节课而言，最主要的是了解学习者的基本情况。所以，教学设计时常常采用前测代替过去凭经验的主观判断，以了解学生的认知基础。

（三）学习环境

学习环境是建构主义学习理论指导下的教学设计中所特别强调的，需要教师引起注意。在日常课与观摩课中，教师和学生的心态是不一样的，学习环境也不一样，因而教学设计肯定也是不一样的，这是不可回避的事实。此外，在新授课与练习课，课堂内与课堂外的学习活动中，学生的情绪也是有区别的。对小学生来讲，学习环境的创设特别重要，教师既要营造民主自由的学习氛围，也要注重培养学生的学习习惯。

（四）教学策略

数学教学中需要关注的"暗线"，就是培养学生的符号意识。建立符号意识有助于学生理解符号的使用，是数学表达和进行数学思考的重要形式。小括号是一个数学符号，而且是数学运算符号，它可以"改变"运算顺序。于是，教师们选择教学策略时要把着眼点放到如何让学生感受到使用符号可以进行运算和推理，使教学目标不只停留在计算顺序和计算方法的学习上，而是以小括号为载体，帮助学生建立符号意识。基于这样思考的教学设计与其他的教学设计自然有许多不同之处。

（1）教学流程。教师要根据新授课、练习课等不同的课型安排不同的教学流程，相对于传统教案的教学过程，教学设计要把主要环节的设计意图标注出来，明确为什么这么设计，这是教师们特别是新教师的备课难点。但让听课者了解设计者的目的和原因，有利于教师本人在课堂教学实施过程中的宏观把握。教师的设计意图越明确，教学过程中时间分配和动态生成就越有效。

（2）板书设计。板书设计是促进学生形成良好的数学认知结构、强化学习效果的基本设计策略。虽然现在通过多媒体可以让学生运用多种感官参与学习活动，帮助学生感知和抽象思维，但板书能完整地呈现本课的学习内容，不仅可以帮助学生掌握本节课的知识要点，还能让学生看到本课的知识形式、格式规范和思想框架，帮助学生形成完整的数学认知结构。板书设计是教师教学水平的集中展示，更是学生学习的重要载体。

（五）教学评价

教学评价是教师对教学设计的自我评估，从史密斯—拉根模型中可知，教学评价贯穿于整个教学设计过程，既是教师教学自我调控的需要，也是预设与生成之间的辩证关系的体现。

小学数学教学设计的上述五部分内容是史密斯—拉根模型中"教学分析、策略设计、教学评价"这三大板块的具体化，每部分内容之间都有一定的逻辑关系。一般情况下，一线教师在撰写常规课教学设计的文本资料时，也会省略一些内容，如学习者特征分析，学习环境分析，教学内容的地位、作用，以及教学目标设定的依据等。因为这些内容的思考过程往往可以从教学目标、教学流程和板书设计中看出，如果全都写出来，那对工作繁忙的一线教师而言有时会成为负担。

如果要求的是设计简案，可关注以下几个方面：

（1）根据拟订的教学目标设计教学活动。

（2）揭示新旧知识的联结点。

（3）联系学生的生活实际，在学生充分感知的基础上再抽象概括。

（4）要有激发学生学习兴趣的方法和具体措施。

值得注意的是，写简案并非越简单越好，应该按照文本规范化要求，书写清楚教学设计的主要内容，按不同课型把各环节的内容概括提炼并标注清楚。教师通过"创设情境，激发学习兴趣""及时抽象，建立模型""解释与应用""基本练习""联系与拓展"这五个环节展示了"常见数量关系"这节课的基本结构。教师通过"从生活中引出数学问题""从举例观察中归纳数学规律""从生活事例中验证数学规律""从巩固练习中拓展数学思维"四个环节展示"交换律"这节课的结构。只有标注清楚，才能让读者理解你的设计意图，在实际的课堂教学中才能思路清晰，宏观把握课堂教学结构。

第五节　小学数学教学的实施与评价

一、小学数学教学的实施

小学数学教学的实施是把教学设计转化为教学行为的过程。建构主义学习理论研究的不断深入，要求教师把自己的角色定位为学生学习的"组织者、引导者、合作者"。"新课标"中对教师的这个角色是这样描述的：

教师的"组织"作用主要体现在两个方面：一方面，教师应当准确把握教学内容的实质和学生的实际情况，确定合理的教学目标，设计一个好的教学方案；另一方面，在教学活动中，教师要选择适当的教学方式，因势利导，适时调控，努力营造师生互动、生生互动、生动活泼的课堂氛围，形成有效的学习活动。

教师的"引导"作用主要体现在：通过恰当的问题，或者准确、清晰、富有启发性的讲授，引导学生积极思考、求知求真、激发学生的好奇心；通过恰当的归纳和示范，使学生理解知识、掌握技能、积累经验、感悟思想；能关注学生的差异，用多样化的教学手段，引导每一个学生都积极参与学习活动，提高教学活动的针对性和有效性。

教师与学生的"合作"主要体现在：教师以平等、尊重的态度鼓励学生积极参与教学活动，启发学生共同探索，与学生一起感受成功和挫折、分享发现和成果。

小学数学教学的实施和评价，也就是教师平常说的上课和评课，是教学设计成果的展示和检验。全国教育基本理论专业委员会副主任委员郑金洲指出，如果说备课是对课程的二次开发，那么上课则是课堂"对话"基础上的动态生成。

小学数学课堂教学的实施是把"预设"转化为实际的教学活动的过程，也就是上课的过程，需要师生、生生之间的互动和交流。显然，"新课标"指导下的上课已不再是对教案的忠实执行，需要教师及时把握课堂动态，因势利导，适时调整预案，使教学活动收到更好的效果。上课是在教师精心设计教学活动方案的基础上展开的，通过教师的组织和引导，使学生成为教学活动的主角。

教师在上课时应注意处理好以下几个关系：

（1）师与生之间的关系。师与生是教育过程中的一对主要矛盾，有什么样的教学理念，就会有什么样的师生关系。所以，上课中首先要树立新的教学理念，摆正师生的位置关系，学生永远是课堂教学的主角，尽管教师也是"演员"，事实上是"导演"加"演员"，但仅仅是配角，其作用是引导学生学习而不是代替学生学习。所以，小学数学教师应成为学生进入数学天地的引路人。

小学数学教师不仅是"教数学的老师"，而且是"教学生学数学的老师"。

教师的作用是唤醒和激发，即唤醒学生的内在需求，激发学生学习数学的兴趣。小学生的学习兴趣，特别是低段小学生的学习兴趣可从激发学生的直接兴趣入手。如为了让学生熟练掌握"数的组成"，可以将其编写成儿歌的形式，学生就会在课外边玩边练，乐在其中。这些都需要教师站在学生的角度组织教学活动。

如同样是连线题，如果改成"小猪找不到妈妈了（把答案放在小猪的图片中），谁能帮它"，学生就会很乐意地参与其中，因为这时学生是主角，是在"帮小猪找妈妈"。

对于学习有困难的学生，教师要及时给予关注与帮助，鼓励他们主动参与数学学习活动，增强他们学习数学的兴趣和信心；对于学有余力的学生，教师要为他们提供更多的学习素材，让他们有展示数学才能的机会。

从这个意义上说，教师更像是"导演"。作为"导演"，教师还要分配好各个角色的表演任务。教师既要注意面向全体，又要注意关注学生的个体差异，让每个学生都有表演的机会，并在原有的基础上有所发展。

（2）预设与生成之间的关系。在以学生为主角的师生关系下，课堂上出现教学设计以外的情况是非常正常的，这就需要教师处理好预设与生成之间的关系。教师要上好课，就必须备好课，也就是要按照教育教学规律设计好教学活动方案。但由于课堂教学的开放性日益增强，所以教师即使备好课，也不一定能上好课。同一个设计应用到不同教师的课堂中也会产生不同的教学效果。即使是同一位教师、同一个教案，在不同的班级中施教也会产生不同的效果。如何处理好预设和生成这对矛盾，是考量教师教学水平的重要标准，也是教学评价的主要依据。

提高教师的课堂生成能力，除了理念要正确之外，还可以通过提出"谁能再说一遍？""谁能理解刚才这位同学说的是什么？"这样的问题来实现。听其他学生解释，不仅给教师自己留出思考的时间，决定如何"生成"，更能让其他学生有倾听和思考的机会。

（3）温故与知新之间的关系。数学具有很强的逻辑性，知识之间的联系非常紧密，先学知识会直接影响后续知识的理解和学习，这就决定了小学数学学习需要温故而知新。同时由于小学生的注意力一般要在上课 5 分钟后才开始集中，所以上课后的 5～20 分钟，才是他们的最佳学习时间。前 5 分钟左右的"温故"能够帮助学生集中注意力，提高新知学习的效率。教师处理好温故和知新的关系，就能合理安排各环节的课堂教学时间，把最佳的教学时间集中到本课的教学重点，以提高课堂教学的效率。

（4）知识性目标与过程性目标之间的关系。教师在"温故"时有时会遇到学生对旧知的理解和掌握不到位，或者"知其然，不知其所以然"的情况，这时教师是应该停下来以解决旧问题为主，还是应该直接告知旧知，以解决新问题为主？在组织探究时，学生没有在预设的时间里完成探究的任务，教师是应该直接告知结果还是应该耐心等待学生的完成？这些是上课时教师常常纠结的问题，这个问题事实上就是知识性目标与过程性目标的关系处理问题。新加坡和中国的课堂处理方式是不同的。新加坡教师更多地会考虑改变预设，以适应学生的学习进度，也就是强调"以学定教"，所以他们有时甚至会花 30 分钟时间解决旧问题，而只留 10～15 分钟时间学习新知，导致新知教学时间少。而我国教师更多的是以课堂结构的完整性为标准，强调的是以教导学，所以，教师常常会因"赶时间"而忽略探究的过程。

对此如何取舍，值得大家共同关注。关键内容的教学属于"种课"，专家学者普遍认为应以过程性目标为主，以便留出充裕的时间在学生的心灵中播下知识生长和思维发展的"种子"。如除法竖式是学习所有除法运算的"种子"，所以教师在备课时要花时间与学生一起探究除法竖式书写格式规定的合理性。学完万以内数的认识后，学生头脑中的45，应是4个10和5个1，也就是4盒"苹果"（10个装的）加5个"苹果"，而不是散装的45个"苹果"。因此，平均分时要先分整盒的，然后把分剩下的一盒拆开与5合起来是15个"苹果"，再继续平均分。当发现学生在学习除数是一位数除法时，对除法竖式的符号表达方式有疑惑时，教师要停下来解决先学知识中的问题，即让学生理解除法竖式这样书写的合理性，并在此基础上探究学习45÷3。教师要让学生明白，计算45÷3时，若用竖式不能展示多位数"平均分"的过程，而只有用竖式才能把多位数除以一位数的过程表达清楚。可见，让学生经历竖式的"创造"过程是何等重要！只有理解15÷3的算理和算法，学生才能感悟到45÷3的算理和算法，并为系统学习多位数除以一位数打下基础。这就是"种子"课要更重视过程性目标的原因。

（5）讲与练之间的关系。数学知识的特点决定了练习是数学必不可少的环节，在有限的时间中，合理分配好教师讲和学生练的时间，也是课堂教学中需要教师注意的。既然学生是学习的主角，那么学生能讲的、能做的教师绝不能插手，精讲多练是提高数学课堂教学效率的有效手段。当然，学生的练习不能是消极被动的，教师要注意调动学生练习的积极性。

二、小学数学的评价

评课是教师专业发展的基础，教师要上好课首先应学会欣赏和评价一节课，就如学习音乐只有先学习欣赏音乐，才能提高自己的乐感一样。为此，本书在大部分章节中安排了经典课例供大家学习、欣赏和借鉴。有兴趣的教师还可通过推荐的网站观看这些经典课例的录像，反复模仿和学习，慢慢提高自己的"课感"和驾驭课堂教学的能力。

（一）课堂评课过程

（1）"听"。它就是要求听课者全身心投入课堂之中，听教师是怎么讲的，是不是讲到点子上了，重点是否突出，详略是否得当，教学语言如何，有没有引导学生主动学习，有没有及时反馈或处理学生回答问题时显露出来的才能或暴露出来的问题，有没有正确把握预设与生成之间的关系，等等。

（2）"想"。它是对课堂教学效果的深层思考。对课堂教学水平的分析不能仅停留在对表面现象的观察上，不能简单地看课堂上有没有提问和回答，也不能简单地看举手的人数多少，而要边听边想，做出正确的判断，有时需要透过现象去分析它的实质。例如：问题有没有问到点子上，有没有启发学生的思维。老师的作用就在于学生答错时能加以引导，学生答得不完整时能加以启发。当然还要思考学生的问题是怎么产生的等，以判定课堂生成的方向是否正确。

（3）"看"。评课时不仅要看教师教态、教学手段，教师的主导作用发挥得如何，还要看学生的学习环境和学习状态，必要时还要看学生的练习效果等。在这个问题上，中国教师和新加坡教师有比较大的区别。新加坡教师更多的是看学生有什么疑问和困惑，看学生有什么不一样的解决问题的方法或错误，思考的也是学生"为什么会出现这样的错误"等问题。我国一般是看教师教得怎么样。

（4）"记"。它有两种方法：一是课堂实录；二是按教学环节记录。不管采用什么记录方法，都要写上教学评点。在记录本上，一般左边是实录，右边是即时点评，最后写总评。

（5）"评"。小学数学教学设计或课堂教学是否优秀，从宏观角度主要是看该设计是否符合数学教育的核心理念。用本书中的观点来分析，那就是看，教师有没有关注到学生的个人发展，从"人的发展"的角度来思考；数学课中有没有凸显数学的特征，上出"数学味"；有没有关注到小学生的年龄特征，学会用孩子的思维和语言体系来思考和交流。从微观角度主要是看本课的教学目标定位是否准确，教学结构是否完整，对教材的理解和处理是否有自己的独特见解，教学策略的应用是否有其理论依据等。

最终评价教学设计的优劣，还要看实施后的教学效果。所以评价一节课既要考虑宏观目标，也要考虑微观效果。

(二) 评课标准

（1）教学目标定位是否准确。这不仅要看教学设计的目标指向是否明确，还要看在具体的教学过程中，教师有没有目标意识，并把教学目标贯穿于教学过程始终，有没有既重视基础知识和基本技能的教授，又关注数学思想方法的引导和数学活动经验的积累。

（2）教材处理和内容安排是否合理。是否关注到了教学创新和课堂中生成的资源，这要求教师教学思路清晰，课堂结构严谨，符合逻辑；同时能突出重点，抓住关键，并能根据学生的实际情况，开发适合自己学生的教学资料。

（3）师生双边活动的时间安排是否合理。有没有体现"以生为本"的教育思想，这不仅要看有没有让学生成为课堂的主角，学生学得是否主动，还要看学生是否轻松愉快地进行数学思考。

（4）教学方法选择是否恰当。课堂氛围如何，有没有调动学生的学习积极性，这主要是看教师选择的教学方法是否符合教材、学生和教师自身的实际，并能否从实际出发，灵活多样地运用现代教学手段，处理好预设与生成之间的关系，做到动静结合，活而不乱。

（5）是否处理好面向全体与因材施教的关系。学生的参与率、参与面如何，教学效率如何，这里不仅要求教学效率高、成本低，还要求学生均能受益，不同接受能力的学生在原有基础上都有进步。

（6）教学的效果。这就是看通过本节课的学习，学生的"基础知识、基本技能、基本思想和基本活动经验"有没有真正提高，要从学生学的角度来看教师教的成效。

（7）教师的素质。如教师的语言、教态、书写、画图是否符合规范，是否能与学生融为一体。一般要求教师语言规范简洁、生动形象；教态亲切、自然、大方；板书工整、美观，层次清楚；能熟练运用现代化教学手段；等等。

评课时最重要的是看教师的课堂结构和"生成"能力，也就是教师的教学设计和课堂应变与调控能力。

（三）评课的六种方法

第一，按上述课堂教学的评价标准逐项点评。

第二，按教育理念概括性地点评，这种评课注重的是实效，可以从现象到本质，丢开枝节，抓住主要的实质问题，概括出教师上课的突出特点或主要问题。

第三，从课堂创新点或问题着手点评，可从自己观察中体会最深、感触最大、认识最明显的地方，选择一个角度或侧面来进行评课。

第四，按课堂环节逐一点评。

第五，按不同课堂教学的特色进行比较点评。

第六，通过课堂观察用数据说话，目前流行的"课堂观察"就是行之有效的促进教师专业发展的重要举措，定量的记录方式与定性的记录方式可以互相补充使用，以客观地反映课堂教学的实际效果。

评课一般都是先说课堂教学的成功之处，然后对存在的问题提出自己的观点，并用一定的理论或结合发现的情况进行论证或分析，再针对问题提出自己的独特见解和改进意见。

评课应避免敷衍了事，如个别教师听了一节课后，看不出什么问题，只是笼统地认为"这节课教得不错（很差）"。有的虽提了不少意见，但多半是枝节问题，如教师板书的字写得如何、声音大小、教态如何、图表悬挂高低，等等。

评课也应避免泛泛而谈，如"本节课教学目标定位准确，思路清晰，结构严谨，环节紧凑，方法灵活多变，教学手段运用恰当。教学模式充分体现了素质教育的要求，教学效果好、效率高"。这样的评价可套用到任何地方。评课必须结合教学实际，好在何处，问题在哪里，要有的放矢，并能结合具体内容进行分析，如：说目标定位准确，最好把目标简要表述出来；说教学方法、教学效果好，要举例说明或通过后测来验证；对提出的问题也要有一个解决的方案。

评课是对一个教师的职业水平的认定，也是教师专业发展的重要途径。对于评课，除了听课和分析教学设计，在国家教师资

格考试中，有时还会通过展示一个案例或者一个教学片段，让考生谈谈自己的观点

(四) 说课和试讲

1. 如何说课

说课是教师通过对教育目标本身的分析，表述具体课题的教学设想及其理论依据。通俗地讲，就是要说清教什么、怎么教、为什么这样教。显然。这也是教学设计的基本要求，教学设计学会了，说课"说什么"也就知道了。

但说课有其独特的要求与格式规范。说课以说为主，是教师对教案本身的分析和说明，是一种以口头叙述为主的教案分析。

（1）"说教材"。说清本课教学内容的地位及作用，以及教学目标、重点难点、教具准备等。

（2）"说教学流程"。这是说课的重点，意味着准备怎样安排教学环节，为什么要这样安排等，要让别人接受、信服。一般来说，教师要把教学中的几个主要环节，如课堂导入或情境创设、例题分析、教学探究、练习设计等说清楚，并把教学设计的依据说清楚。

（3）"说教法和学法"。要求说出准备采用怎样的教学方法和教学手段，让学生爱学、会学，并讲清采用这些方法的依据。

（4）"说板书"。可以边说边板书，也可以先板书，再对着板书说明为什么这样设计，以及这样设计的好处。板书应体现程序性、概括性、结构性和艺术性。如果时间紧张，说课时不需要把全部板书都写在黑板上，只要写标题即可，然后告诉面试老师，在黑板上的每一个区域准备写什么。有时间的话，也可说说自己对教学效果的预测，这就是"说教学评价"了，可参照评课的相关要求说。

2. 如何试讲

试讲实质上就是上课。只是面对的是评委，教的是片段，要把评委当作学生，并想象学生的回答，必要时还可配以恰当的评价语，如"这位同学说的是……，说得很清楚！""其他同学还有不同的想法吗？"等等。由于试讲的是片段，要选择自己最有把握的内容讲，同时注意控制教学时间，使试讲的片段具有一定的完整性。切忌在试讲的10~15分钟把整节课的内容都讲完。

无论是说课还是试讲都要富有激情，注意语言、语速，最重要的一点是要和在座的专家老师有目光的交流，不要低头盯着教案或教材。此外，仪表、教态、礼貌等都会影响试讲效果。

上课、评课、说课、试讲是对教师教学理念、教学水平、教师素养的综合考验，这也是把它们作为教师资格考试或教师招聘考试的重要组成部分的原因。

第四章　基于课堂环节的小学教学设计分析

　　社会发展进入信息化时代，小学教学面临着更高的要求，课堂环节教学是学生学习知识的主渠道，提高课堂教学管理水平，是提高教学质量的关键。本章按课堂教学的基本环节——导入环节、重点环节、练习环节、结课环节，介绍一些经典课例的设计片段、练习课和复习课的经典案例。

第一节　导入环节的教学设计

　　良好的开端是成功的一半。小学数学课堂教学设计也是如此。课堂导入是激发学生学习动机和兴趣的重要环节。由于小学生的注意力不易集中，为了能让学生在课前的 5 分钟集中注意力，教师需要在教学设计中重视导入环节的设计。教学的艺术不在于传授的本领，而在于激励、唤醒、鼓励。这其中，激励、唤醒、鼓励的核心，就是对学生学习动机的激发与唤醒。

　　同时，由于数学具有很强的逻辑性，知识之间的联系非常紧密，先学知识会直接影响后续知识的理解和学习，所以小学数学教学设计要特别重视导入环节。

一、导入的流程

1. 复旧引新

数学来源于生活，教师可以从生活中挖掘出与教材内容息息相关的素材，或谈话引入，或情境引入，或课件引入。引入的方法视知识的不同而定，但必须根据教材内容的实际，以能唤起学生对旧知识的回忆和激起学生的学习动机为目标。通过生活实际引导学生发现数学问题，再通过学生提出的数学问题引入新课，使学生产生浓厚的学习兴趣，并明确学习任务，使学生从每节数学课中感受到，生活中到处是数学，学数学可以解决生活中的很多问题。具体在教学实践中，可通过以下方式引入新知：

（1）利用短小故事的情节导入。在小学数学教学中，教师根据数学内容，创设一种情境，唤起学生积极参与、主动求知的欲望。创设什么样的情境，要立足于学生已有的知识基础。创设了好的情境，会使学生兴趣浓厚，注意力集中，参与意识强，自信心足，课堂气氛轻松愉悦，取得事半功倍的教学效果。

（2）利用新旧知识的联系导入。任何感知过程，都需要旧经验。就数学而言，它有其内在的规律性，即前面知识是后面知识的基础，后面知识是前面知识的延伸和发展。在讲授新课时，教师可利用旧知中与新知最为密切的，能促进知识正迁移的要点进行复习或练习，使新知有清澈的源头。例如：比的基本性质就可由商不变的性质与分数的基本性质导入。

2. 引导动手实践的能力

教师要针对学生提出的问题，引导学生研究探索，动手实践，寻找解决问题的方式方法。许多数学问题，只有让学生动手操作，才能理解深刻，记忆牢固，运用自如。这个环节的实施，低年级学生提倡师生共同研讨，教师引导，学生探索、交流，由浅入深，步步深入；中、高年级学生，教师结合教材内容及学生实际，可采用低年级师生共同研讨的办法，也可放手让学生自主探索，但必须对探索方法予以指导。教师要为学生精心设计好可供操作的再现知识的程序，组织学生实践，让学生在动手中练做，在动口中练说，在动脑中练思。可指导学生观察课本情境图，指导学生动手实践，或指导学生小组合作交流等。集体的指导和个别的指导要互相结合，使学生探索有目的、有方法。

3. 知识分层，反馈改正

学生理解了新知识后，还需要通过练习加深理解，使知识转化成技能，并通过练习发展学生的思维能力。练习设计要有计划、有目的、有层次，由浅入深、由易到难，注意面向全体，及时反馈，及时矫正，及时奖励，及时强化，加强指导，最后提高。因此，还要注重练习课。

练习课是新授课的补充和延续，其主要任务是巩固数学基础知识和形成熟练的技能技巧。一般是在新知识教完或一个单元后进行。练习课教学，关键是练习题的设计和选择。要注意练习的目的性、典型性、针对性、层次性、多样性和趣味性；要注意运用题组练习，加强各种练习的协调和配合，提高练习的整体效率；练习的编排要由易到难，循序渐进；练习的结果要及时反馈评价，引导学生在对比中弄清区别，在辨析中加深理解，在概括中把握联系，在评价中受到激励。练习的量要适当，既要保证知识的巩固和技能技巧的形成，又要防止学生的负担过重。练习课教学的基本结构为：

（1）检查复习。主要是回忆已学的基础知识，特别是本课内容所需的基础知识，同时，也进行一些基本技能训练，包括口算训练和解决问题的基础训练等。

（2）揭示课题。明确练习的内容和要求。

（3）练习指导。练习课应防止机械重复的练习，应该有指导地进行练习，使学生通过练习有所提高。教师的练习指导，可简要分析练习中要应用的法则、定律，并要求学生注意容易出错的地方。有时可先组织板演练习，然后通过对错题的评讲，进行练习指导。

（4）课堂练习。这是练习课的主要部分，要有充分的时间让学生练习，练习要分层次，要注意应用题组练习，加强练习题之间的联系和配合，提高练习的整体效益。

（5）练习评讲。对练习中发现的普遍性问题进行评讲，使学生进一步加深理解所学知识，当堂解决问题。通过练后评讲，使学生的认识水平有所提高。

（6）课堂小结。可先让学生自己小结：通过练习课，自己有什么提高，弄清了什么问题。总结解题规律和分析练习中的问题，做进一步的练习。

4.展示成果，分享交流

教学中要尽可能向学生展示知识的形成过程：概念教学要展示概念形成的过程；法则教学要展示机理；公式教学要展示推导过程；应用题要展示解题思路；计量单位教学要展示概念的建立。应该明确知识是在展示的过程中掌握的，学习能力是在展示的过程中提高的，学生的主体精神也是在展示的过程中逐步培养的。让学生自己通过动手、动口、动脑，主动探索知识的形成过程，从"模仿型"学习向"创造型"学习发展。学生只有感受到学习成功的快乐，才能乐学，才能取得良好的教学效果。只有这样，学生的基础知识才能牢固，主体精神的培养才能真正落实在课堂上。搞好当堂课的归纳总结，对于加深学生理解，巩固当堂所学的知识，掌握规律性的东西，激发学生课后积极思维，都有重要作用。其主要任务是回顾、概括、整理、注意等。因教学内容和学生实际情况差异，其方法也是变化多样的，教师可根据实际情况有针对性地选择使用。如复述法、口诀法、图表法、游戏法、引申法、设疑法、汇报法等。此外，教学过程中，学生理解了知识，并不等于真正完全掌握了知识。要完全掌握知识，还要经过把知识运用于实践这个过程。可以通过直接参加社会实践活动，让学生来发现并认清课堂所学内容，加强二者间的联系，强化学习效果。

5. 巩固知识，课后作业

数学作业是学生学习数学、发展思维的一项经常性的实践活动，也是检验学生独立完成学习任务的主要形式。层次性是指作业内容要由浅入深，由易到难，具有一定的梯度，体现教学内容的层次。同时每名学生在学习上都有差异，要重视学生的个性发展，找准学生学习的最近发展区，针对学生的差异，因材施教，设计多梯级多层次的作业，满足不同学生的需要。作业有了层次，学生就有了选择；有了知识的坡度，教学也就有了针对性，因材施教也就可以落在实处。

作业要摆脱机械重复的、枯燥烦琐的、死记硬背的习题。作业题型要做到活、新、奇、趣，把丰富知识、训练思维寓于趣味之中。通过做题学会思考，掌握思考的方法，提高学生的思维能力。由于受天赋、家庭、教育等各方面的影响，学生数学知识和数学能力存在差异，"一刀切"的作业形式显然不能满足不同学生的作业要求，阻碍了学生的个性发展。因此，在数学作业的设计上，教师们应从学生的实际情况出发，针对学生的个体差异设计不同的作业，使教学面向全体学生，让不同的人在数学学习上得到不同的发展。

二、设计导入的注意事项

（1）导入的内容要紧扣主题，不选与重点内容无关或相关度较小的活动。课堂教学是师生交往与活动的主阵地，在有限的课堂教学时间里提高课堂教学效率是每一堂数学课应该追求的，也是课堂教学成功的标准之一。所以，无论是课前谈话还是各种导入的内容，都要紧扣主题，紧紧围绕重点内容展开，同时要控制好导入的时间。

（2）导入要抓住新旧知识的连接点。首先教学主导着学生的智力发展；其次教学创造着最近发展区，即激起与推动学生一系列内部发展的过程。

（3）导入要符合学生的年龄特征，关注学生的兴趣点和热门话题。从学生的回答中可知，学生的眼里还是只有小朋友而没有关注录像中的教师。可见教师与学生的关注点是不一样的，学生有自己的话语系统和关注点。教师要时刻关注当前学生的关注点是什么。同样，在播放《大头儿子和小头爸爸》《喜羊羊与灰太狼》等动画片时，很多老师也会把情境中的人物改成大头儿子或喜羊羊等，以拉近学习内容与学生生活之间的距离，激发学生的学习热情。

可见，教师只有掌握了学生的话语体系和热门话题，才能融入学生中间，成为学生学习的引导者与合作者。

第二节　重点环节的教学设计

　　小学数学教学的实质就是把数学知识结构通过课堂教学转化成学生的认知结构。小学数学的课堂教学有六种基本类型，最常见的是新授课、练习课和复习课。新授课的主体结构是"引入—新授—巩固练习"，练习课的主体结构是"基本练习—变式训练—综合应用"，复习课的主体结构是"旧知再现—形成网络—灵活应用"。显然，新授课的重点环节是"新授"，练习课的重点环节是"变式训练"，复习课的重点环节是"形成网络"。

一、新授课的重点设计策略

　　新授课的教学设计研究得最多，绝大多数都是新授课的教学设计。教师进行教学设计时首先要看教学内容属于什么内容领域，按照各领域的课程目标选择教学素材，安排教学环节，组织教学活动。如"数与代数"的教学，主要目标是培养学生的数感和符号意识，提高学生的运算能力，树立学生的模型思想。又如"图形与几何"的教学，主要目标是培养学生的空间观念、几何直观，以及推理和论证能力。教学设计还要根据具体的知识类型安排教学环节，如果是概念课，新授时要抓好概念的引入、概念的揭示、概念的强化三个环节。显然，"概念的揭示"是重点环节，只有把概念的内涵和外延揭示清楚了，学生才能掌握概念。如果是规则课，则在新授中要经历规则的发现、规则的验证、规则的应用三个环节，其中"规则的发现"应作为重点环节。

　　"新课标"要求教师关注学生的活动经验，为此要注重乘法产生以及乘法意义的探究过程。乘法意义有两个本质特征：一是

"同数连加"，二是"比加法简便"。如果在一节课中把两个本质特征都揭示出来，时间比较紧张，可让学生先积累"相同加数的和"的知识。

首先，综观前面的学习内容，除了少量三个数的连加外几乎看不到多个相同加数连加的情境和算式，可见学生学习乘法的现实基础并不充分，也正是这个原因才让学生先学"相同加数的和"这一内容。其次，在后续的学习当中，经常遇到像"13+5+7+9"这样的加法算式如何用乘法来计算的问题，这实质上也是寻找"相同加数的和"的问题。因此，"相同加数的和"可以作为表内乘法的单元准备课。这样做的目的有三个：第一，借助直观图形和实物，让学生探究不同加数连加如何转化为相同加数连加，提高学生的思维能力；第二，为学生提供丰富多样的结构性情境，帮助学生学会"按群计数"和写相同加数的连加算式，夯实学生学习乘法的知识基础；第三，在具体的计算过程中使学生感受到加法的不便，为学习乘法做好铺垫。

重点环节的教学设计是实现教学目标的关键所在，设计时应注意：①注重联系学生的生活实际；②依据拟定的教学目标设计教学活动；③注重激发学生的学习兴趣。

二、重点环节教学策略的类型

（一）任务启动教学

这是与问题导入相配套的教学设计策略。教师首先提出整体性学习任务，通过任务驱动，让学生自己尝试将整体任务分解为各个子任务，自己发现完成各级任务所需的知识技能，并通过独立思考或小组合作，掌握这些知识技能，进而使问题得到解决，完成整个学习任务。学生分工合作、自主探究，可以根据自行车模型进行分析，也可以从网上查找资料，最终完成任务。

(二) 大问题教学的特点

"新课标"提倡把教学环节设计成"大步子"，把"导入"与"设疑"结合起来，通过"大问题"给学生足够的探究空间，激发学生探究的欲望。

大问题教学设计策略要体现以下几个特点：

（1）障碍性。在教材内容和学生求知心理之间制造一种"不协调"，使学生产生认知冲突，对学生提出挑战。"乘数是一位数的乘法口算"，先让学生探究不同的口算方法（大步子），再总结这些方法的共同特点是"拆"，结果发现并不是所有的算式都能拆成两数的积（障碍），拆成两数的和才是通用方法，在此基础上引导学生发现口算乘法是从高位算起的一般方法。

（2）开放性。观察角度可以多种多样，答案不一定唯一。如"易拉罐设计问题"：教师出示各种各样的啤酒、饮料等圆柱形易拉罐，抛出一个"大问题"：为什么可口可乐易拉罐的高度是底面直径的两倍？要求学生从经济、美观、实用等角度全方位观察思考。

（3）趣味性。提出的大问题要富有趣味，能吸引学生的注意力，引发学生积极思考。通过三个大问题"什么策略？""依据是什么？""什么好处？"激发学生的探究欲望。

从经济角度考虑，由数学中的最值原理可知，当高与底面直径相等时，容积最大，这时须把易拉罐设计成轴截面为正方形的圆柱体。但从易拉罐的耐压性考虑，当底面厚度为侧面的两倍，且当高是底面直径的两倍时，用料（料重）最省。如果从实用角度考虑，要以握住易拉罐时手感舒服、方便为好，这就需要从成人、孩子的手指弯曲程度等生物学知识层面考虑。如果从美学角度考虑，当高与底面直径之比符合黄金分割法时，视觉效果最佳。由于教师抛出的问题开放性大，差异明显，有些学生可能只会猜想，不知道如何去验证；有的可能会通过操作发现事实"可口可乐易拉罐的高是底面直径的两倍"，但不知道如何解释；有的可能只从一种角度思考。但通过交流学生能从中得到许多启示，拓展思维。

（4）差异性。提出的"大问题"要适合各类学生。请看"圆的认识"的一个教学设计：从钟的实物中抽象出圆形后，问学生，"对圆已有了哪些认识""想研究圆的哪些内容"。给出这些思维空间比较大的"大问题"，让学生直接进入重点环节。这样的设计适合不同基础的学生，让每个学生"有话可说"。这一方面，学生在谈论对圆的已有认识时，可能会想到圆与已学平面图形的不同，自然而然地也就建立起新知与旧知间的联系；另一方面，让学生谈论自己想探究的问题，会激发学生的学习兴趣。

（5）实践性。结合个人或小组的操作实践活动，提出大问题，让学生在实践活动中自主探究。

（三）支架式教学

由于学生的接受能力有限，教师有时需要做一些铺垫，或进行思想方法上的引导。建构主义理论提出了支架式教学设计策略，这一策略是借用建筑行业的脚手架概念，让教师先为学生的学习搭建支架，通过支架逐步把管理调控学习的任务转移给学生自己，然后逐步撤去支架，让学生独立探索学习。

在运用支架式教学设计策略的过程中，了解学生的认知起点，搭建合适的支架非常重要。有经验的教师常常通过"关于这些内容，已经知道了什么"来确定从哪里开始搭建支架，或用"刚才采用了哪些策略完成了探究任务"帮助学生顺利完成下一个富有挑战性的学习任务。教学设计的关键是建立起"支架"与

"新任务"之间的实质性的联系。

(四)"随机通达"和自主选择

这种教学设计是指对同一内容的学习要从问题的不同侧面进行思考，并用不同的方法去解决问题，学生能够对知识获得新的理解，使认知结构上下贯通，运用自如。

"自主选择"策略体现在教学设计中，就是要充分估计学生的不同发展水平，安排有一定弹性的教学活动，供学生自主选择，并充分尊重学生的选择。如可让学生自主选择学习目标、学习内容、学习方法、学习途径、学习难度、学习负荷、学习速度、学习角色、学习伙伴、学习评价等，真正实现不同的人在数学上得到不同的发展。

(五) 合作学习的要素

小组合作有许多好处：第一，它能集中全组的智慧，使问题解决向深层次发展，帮助学生更深刻地理解知识；第二，能为学生提供更多参与活动、发表意见的机会，学生在向别人阐述或听别人阐述的过程中加深对知识的理解。为了防止小组合作流于形式，教师首先要给学生分工，让小组中的每个成员都有事做，其次要给学生留有充足的讨论思考的空间和时间。同时，要抓住合作学习的四个要素：

（1）听。要培养学生专心倾听别人发言的习惯，使学生能听出别人发言的重点，做出判断，并有自己的独立见解。

（2）说。要培养学生敢说的勇气，做到说话条理清楚，语句完整简练，重点突出。小组合作后的"说"，已经过了第一层次的交流和筛选，应当有一定的质量，要时刻提醒学生是代表全组的水平，让学生树立责任感。

（3）分工。能根据任务的性质，合理分组分工，使合作更加有效。首先，教师要合理分组，可以采用"同质分组"或"异质分组"的办法。其次，学生在活动过程中要体验合作的重要性，学习合理分工，提高合作的成效。

（4）分享。让学生学会尊重别人，不随意打断别人的发言，在自己发言时，能主动征求别人的意见，以修改、补充自己原有的想法。为此，教师要善于营造宽松的课堂环境，使学生彼此认同、彼此尊重，既能热情地伸出友好之手帮助别人，也能对别人说"不"，坚持自己的观点。教师要经常说"谁愿意和大家分享你的见解、想法或问题""谁需要别人的帮助""谁愿意帮助他"等，促进学生的交往和交流。

第三节　练习环节的教学设计

数学学习离不开解题和练习。数学知识的掌握、技能的形成、思想方法的领悟都离不开解题和练习。为此，要重视练习环节的设计。

一、练习课的类型

练习题的设计既要有一题解决一个知识点的单一练习，甚至模仿性练习，也要有为了突出性质特征而设计的变式练习，更要有应用所学知识解决或解释实际问题的综合性联系。练习有以下三种类型：一是专项练习，二是变式练习，三是综合练习。这三种类型的练习，从简单到复杂，依次排列，有的可在新授课中完成，但有的受教学时间的限制，不能在新授课中完成，需要专门用一至几节课的时间来让学生慢慢掌握，这时就要通过新的课型——练习课来完成。

二、练习课的要点

小学数学的练习设计要抓住以下几个要点：

（1）通过变式练习揭示概念的本质特征。学生的学习一般都要经过"模仿练习—变式练习—探究应用"的过程，而要激发学生探究的欲望，变式练习的教学设计十分重要，通过变式练习，可以让模糊的概念清晰起来。教学设计揭示了平行四边形的概念，给学生留下了深刻的印象，这就是"变式"的作用。有人甚至认为变式教学是促进有效的数学学习的中国方式。

（2）通过概括提炼揭示规则之间的实质联系。练习课上不仅把小数乘法联系在一起，发现它们的共同特征是"整数（替身）相乘的积确定计数单位的个数，小数位数的和决定计数单位"，还把末尾有零的整数乘法结合在一起，建立起了整数乘法与小数乘法的实质性联系，通过概括提炼促使学生的知识转化为能力。今后学生在解决问题时就能融会贯通、举一反三。

（3）关注练习的分布和频率。小学里的一些"基本内容"是解决其他问题的基础，也是数学学习的基础之基础，就像语文中的3000个常用字，英文中的26个英文字母和语音表一样，需要通过不断练习才能熟能生巧。如100道加法基本题、100道减法基本题、乘法口诀表、11类基本问题等，要经常通过课堂导入让学生口算、口答等，以帮助学生熟练掌握。

有经验的教师在安排每天的口算练习时，会关注训练的频率，以及根据难易程度确定训练的密度，同时会结合本课需要、学生作业情况等因素，在基本题上做记号，控制训练的频率和密度，对学生容易错的题多安排几次练习。

（4）通过变换叙述方式提高学生的思辨能力。练习设计，不仅要考虑正向思维，也要考虑逆向思维，如练习题中既有根据算式求结果的练习，也有根据结果想算式的练习。

（5）重视联系学生生活实际。"新课标"提出要重视数学与现实生活的联系，这种联系不是形式上的联系，而是让学生按照从生活问题到数学问题、从特殊关系到发现一般规律的人类认识规律进行学习。教师通过提供足够的资源、空间和时间，使学生有"发现"和应用数学知识的机会，从而使数学学习变成"发现"和"再创造"的过程，培养学生的洞察力和解决问题的能力。练习设计也同样，数学题有现实感，学生才能从中感受到解题的乐趣。

第四节　结课和板书教学设计

一、结课设计

（一）结课的设计策略

小学数学教学设计中的最后一个环节是结课，结课又称课堂总结，就是把本课学习的内容进行总结和提炼。结课可以由教师讲解。也可以由学生自己交流总结，还可以由师生共同讨论协商总结。

以学生为主的总结，教师一般都是这样引导的——"通过本节课的学习，有哪些收获""是否能与大家共享"，帮助学生学会总结和反思，学会共享与交流。

以教师为主的结课，教师可以根据板书按学习内容分类总结，也可以按教学环节对本课的学习过程和方法进行总结。结课还可以通过让学生自己填写学习提纲来完成。如果要让学生带着问题或思考结束课程，那就更需要教师的精心设计。"位置"的教学设计中，教师在新课结束时启发学生"通过今天的学习，有哪些收获"，把学生的思维从二维空间拓展到三维空间。

事实上，广义的结课还包括对教学中的知识、思想方法等的总结和提炼。这时，教师的总结不仅在课尾，也可以在课中或某个教学环节结束之时，甚至可以在一个操作完成、一类习题解答之后。

这里要特别注意总结与评价的区别。总结是抽象和概括，评价是一种价值判断。为了拓展学生的思维，培养学生的发散性思维能力，教师需要适当延迟评价，让学生充分发表自己的意见。总结要及时，切记不要延缓拖沓，这是提高课堂教学质量的重要措施，值得新教师学习和借鉴。

在新的知识点讲解或讨论完毕、教学活动或操作结束时，教师都需要及时总结。及时总结是提高数学教学有效性的重要策略。通过总结提炼，可以把学生的感性认识理性化、模糊认识清晰化、问题讨论主题化、零散知识系统化。教师在教学"分数的初步认识"时，在教学"交换律"时，都会用概括性语言把学生的发散思维引导到理性的层面，从而拓展学生的思维空间，提升学生的思维水平。

新授课和练习课的"结课"是对本课所学的知识和方法进行总结，而小学数学复习课实际上是对一个单元、一个知识块、一个内容领域进行总结，通过对知识体系进行整理和提炼，理清知识点、知识块之间的关系。由此可见，"结课"与复习课有相通之处。但由于复习课是一种课型，有其独特的结构和要求，因此需要单列出来进行研究。

（二）复习课设计的注意事项

复习课，以系统复习知识、培养学生综合应用能力为主要任务，一般放在开学初单元后、期中和期末，分为单元复习课、期中复习课和期末复习课。它的主体结构都是"旧知再现—形成网络—灵活应用"，重点环节是"形成网络"。通过复习，使学生记忆中零散的知识或方法系统化，帮助学生形成良好的数学认知结构、掌握总结与提炼的方法。这里的"网"可以是知识网，也可以是思想和方法网。

复习课的设计要注意以下几个方面：

（1）揭示知识间的内在联系。设计复习课，首先要明确"复习哪些知识，构建什么结构，形成什么能力"，同时要引导或帮助学生整理知识或思想网络图，以揭示知识之间的内在联系。

（2）重视培养学生的综合应用能力。让学生尝试综合运用已有的知识，经过自主探索、合作交流、解决与学生经验密切联系的具有一定挑战性和综合性的问题，以发展学生综合运用知识解决问题的能力。它的目的是使数学知识、能力、思想方法与其他学科进行有机整合，对进一步丰富学生知识结构、培养学生综合实践和知识应用能力具有较好效果。

（3）提高学生的概括水平。通过复习，帮助学生概括提炼本单元的知识体系和解题规律。

（4）增强知识应用的灵活性。复习课与练习课相比有更高层次的要求，那就是要提高学生举一反三、灵活应用的能力。总之，教师要抓住小学数学复习课的核心，那就是"沟通相互关系，形成知识体系，提高举一反三的能力"。

事实上，好的板书展示了一节数学课的核心内容，无论是复习课、练习课还是新授课都需要关注板书设计。虽然由于多媒体技术的发展使更多展示知识的载体不断出现，但板书设计仍有其独特的作用和魅力。板书设计是一个完整的教学设计必不可少的组成部分。

板书是复习课的重要载体。板书不仅能加深学生的印象，还给了学生如何画知识网络图或思维导图的样例。

二、板书设计

(一) 概述

板书是与"说"相对应的"写或画"所留下来的痕迹。板书一般由三部分构成：课题、主板书和副板书。教师利用板书对重要内容或学生的习作进行讲解或点评。配上文字或图像的板书设计，能使谈话有主题、练习有示范，还能为课堂总结提供线索，帮助学生理解知识，明晰关系，形成良好的数学认知结构。学生看到板书设计，相当于看到了整个教学设计活动方案。板书设计是课堂教学的精华，教师的教学水平往往可以通过板书设计体现出来。

板书设计不仅要把整个单元的内容展示出来，还要揭示各部分内容之间的关系，学生从中学到的是知识的整体结构，而不是零碎的知识点，这是认知主义学习理论在小学数学教学中的具体应用。

(二) 板书设计的要点

板书设计要抓住以下几个要点：

（1）板书要有课题。课题揭示了一节课的主要内容，学生根据课题能了解学习的主要目标，所以板书中要有课题。可以在上课前写好板书中的课题，也可以在导入时揭题，或在结课环节通过"这就是今天学习的内容"等导语来揭题，以加深学生的印象。

课题大多数在黑板或白板的顶端，也可以放在其他合适的位置。如"四则运算"的一节课，学的重点是让学生掌握三步计算中的运算顺序，并能正确计算。所以，板书中的"四则运算"是课题，同时也展示了四则混合运算的顺序及有关的"规定"。

（2）板书要有主次之分。好的板书，一般都会把学习的重要内容放在最醒目的位置。如果把黑板三等分，那么中间部分一般是重点内容，前面部分是复习或准备的内容，后面部分是重点内容的应用。如果把板书分成左右两部分，那么左面是重点内容，又称主板书。如果把板书分成上下两部分，那上面是重点内容，下面是学生活动区。

（3）板书要有一定的美感。数学的科学美既包括图形美，还包括规律美与和谐美，只有让学生感受数学美、欣赏数学美，才能激发学生的学习兴趣，增强学生对数学的热爱。数学教育应向学生传递"数学很美，我爱数学"的信息。显然，板书是展示数学美的重要载体。

（4）板书要有逻辑结构。这是指整个板书通过简要的连接符把文中重点内容以词语或短句的方式联结在逻辑框架内的板书形式。这些词语或短句都是在讲授课文内容时，概括出来并能准确反映文章精要之语。

（5）板书要有详有略。小学中的板书文字要简化，多采用图形或符号进行说明，以便学生理解和记忆。要找到目标"靶向"。板书设计的详略是由中心思想决定的，所以教师先要找到板书的中心。

（6）板书要有思维含量。数学课堂教学中有两条线：一条是明线，那就是知识体系；另一条是暗线，那就是思想方法。板书中呈现一般都是明线，也就是本课学习的知识点，以及知识之间的逻辑关系。但板书还应力求揭示知识的抽象过程、逻辑关系图以及思想方法，即呈现那条暗线。如能展示暗线，则能增加板书的思维含量，促进学生的思维发展。

数学就是在看似简单的事物背后探寻美丽的规律。这样的板书能给学生美的熏陶。

综上所述，小学板书设计不仅能帮助学生掌握知识要点和知识体系，巩固所学，启发学生思维，使学生形成良好的数学认知结构，还有利于培养学生良好的书写和思考习惯。更进一步来说，数学的对称美、规律美、结构美、和谐美、理性美都可以通过板书传递给学生，板书是展示数学美的重要载体之一。数学是世界上最和谐的音符；哪里有数学，那里才有真正的美。数学板书设计是数学美和设计美的集中体现，展示的是教师的教学智慧。

第五章 小学数学教学中思维导图有效运用策略研究

　　思维导图是用图表表现的发散性思维。发散性思维过程也就是大脑思考和产生想法的过程。通过捕捉和表达发散性思维，思维导图将大脑内部的过程进行了外部呈现。本章节将通过探讨思维导图的类型和作用、小学数学教学中的实际有效运用、运用步骤及框架、相关运用策略等，展现如何实现思维导图的实际运用。

第一节 思维导图的类型和作用

　　小学数学教学中，思维导图能有效地展示知识结构，教师通过运用符号、颜色、图像、文字等多种信息，将数学知识以图文并茂的形式，整理知识、复习知识，从而促进学生对小学数学知识体系性的认识。学生能在自主学习中，主动运用思维导图的技能，不仅运用简单的绘图，还可以运用图式、表格、对应关系等，进行知识整理的再创造，从而实现自主学习的目的。

一、思维导图的基本类型

　　思维导图，也叫作心智图。它指的是借用图表等分析问题、整理脉络、理清思路，以此解决问题。常用的思维导图有八种基本形式，分别叫作：圆圈图、树状图、气泡图、双重气泡图、括号图、桥型图、流程图、多重流程图。

在小学数学教学中运用思维导图，其功能是便于学生梳理脉络，记忆知识，整理信息，提出解决问题的策略。其运用对象是小学生，年龄在 10 ~ 12 岁之间，其认知结构初步具备某一知识领域的内容，需要在老师的指导下，逐步了解思维导图的绘制元素、运用方式、功能作用等。所以，在小学数学教学中，运用思维导图一般分为四种类型：主题发散式、提纲挈领式、流程选择式、数形结合式。

（1）主题发散式指的是围绕一个中心整理的主题，以发散思维为主线，在主题周围延伸各条主干，并由主干再延伸相应的支干。主干围绕中心主题，以关键字、词的形式，向四周延伸，支干围绕关键字词，展开思维的拓展，表述相关联的信息。这一类型适用于概念课、解决问题课、计算课等。如图 5-1 所示。

图 5-1　主题发散式思维导图式样

（2）提纲挈领式指的是围绕整理的单元知识，以知识脉络的形式，以并列关系呈现的知识点，由这一知识点延伸相应的支干，分类别具体阐述知识内容。这一类型适用于概念课、单元知识的复习与整理。如图 5-2 所示。

图 5-2 提纲挈领式思维导图式样

（3）流程选择式指的是围绕一个需要解决问题的项目，思考与之相联系的解决策略，在罗列这些策略的同时，进行是与否的判断，并由此延伸出解决项目的方案。这一类型适用于解决问题课、综合实践课。如图 5-3 所示。

图5-3 流程选择式思维导图式样

数形结合式指的是把抽象的数字语言、数量关系与直观形象的几何图形、空间位置关系相结合，通过"以形助数"或者"以数解形"等，将抽象思维与形象思维相结合，从而化解知识难点，将抽象问题具体化，由此解决问题。这一类型适用于解决问题课、几何图形课。

思维导图的每一种类型针对小学数学问题的情境、解决的策略不同，应结合数学元素，利用数学信息，选择合适的类型。它并不拘泥于某一种类型，但更能体现小学数学教学的特点，有别于一般的文本记忆运用思维导图进行整理。

二、思维导图的主要作用

思维导图在中国的运用与研究，最初是由一些脑力锦标赛的裁判、选手、思维拓展训练的专家等，专门用于挑战人类的记忆能力。将思维导图运用到工作，可以发挥人们的创意和想象，将头脑风暴的各种智慧清晰有脉络地整理在一起，从而大大提高工作效率。

　　通过一些专家的运用与研究，发现将思维导图运用到教育教学中，更能帮助学生高效记忆，成倍地提高学习速度和成效，可以更快地学习新的知识、新的技能。在小学数学教学中运用思维导图，可以帮助学生整理清晰的信息脉络，选择有用的信息，提出有效的解决策略。其作用表现如下：

　　（1）有利于学生开启创新思维。小学数学教材中数学广角，一些数学思维难度较高的问题需要解决。这对很多学生来说比较困难。怎样用巧妙的解法解决问题，是很多学生迫切需要的。运用思维导图，可以激发学生的联想与创意，通过选择流程式思维导图、数形结合式思维导图的运用，引导学生调动智慧，运用各种数学方法，比较数学信息，分析数量之间的关系，寻找更为简便的解法，开启学生的创新思维。

　　（2）有利于学生记忆数学知识。小学数学概念课在五年级尤为突出，"数与代数"中有关"因数、倍数、质数、合数"等概念的理解，知识含量多，概念生硬，数理知识突出，这些是学生学习的薄弱环节。运用思维导图，开启大脑潜在的智慧，将这些丰富、复杂的词汇，运用不同色彩的分支，标注每个词汇的关键解读，绘制成一张思维导图，会大大提高学生的理解、记忆能力，并能结合导图，有效地进行比较、记忆，真正实现提高学生记忆能力。

　　（3）有利于学生做出数学决策。小学数学需要解决的问题中，更多的数学信息来源于生活。会给学生直观形象的信息，更容易比对数学信息，从而明白具体的情况，做出合理的数学决策。

第二节　小学数学教学中有效运用思维导图的实践探索

一、在"数与代数"教学中的探索

(一)"数与代数"注重联系性与生长性

"数与代数"的教学内容从第一学段有关整数的学习，发展到第二学段的小数、分数、百分数的学习。知识的生长性在第二学段迅猛发展，如果借助思维导图整理这一学段的知识及其联系，那么对每一名学生，都大有作用：从学习情感角度，都是一种很好的学习认知支架；从认知角度发展，知识的连续性、生长性将得以系统的发展。在五年级下册学习"分数的意义和性质"时，将数的认识这一板块进行整理，引导学生回忆以前有关"整数、小数"的认识及其意义、性质，展望以后将要学的有关"百分数"的知识。这样的思维导图在学生的头脑中，会呈现知识的系统思维导图。如图5-4所示。

图5-4　"数的认识"思维导图

1. "数"的认识

从"小数的意义和性质"到"小数加减法""小数乘除法",从"分数的意义和性质"到"分数加减法""分数乘除法",教学内容、教学形式有着很高的相似度。所以,在教学时把起始课的意义理解透彻,整个单元的内容联系整理清晰,对后续的几个知识的教学与引导都有很好的示范作用。

"小数的意义和性质"这一单元中,在学习探讨中、课堂练习中,突出小数意义的教学尤为重要。知识点比较分散,包含了小数意义、小数的读写、小数的性质、小数点移动引起小数大小的变化、小数单位的换算、小数的近似数等,它们之间的关系以并列关系为主。所以在学习小数时,将这一单元的知识整理成思维导图,使学生对小数这一单元有整体的认识、框架的结构思维,对学生学习分数、百分数等都有直接的正迁移影响。对于整理能力薄弱的学生,这样分散的知识是识记的弱点,也不容易运用相互的联系进行记忆。从思维导图中,可以看出小数的读写、化简改写、小数的性质都与小数的意义有着密切的联系。

2. 巧妙运用运算定律

"数与代数"中数的运算这一知识,在整数运算中所具有的运算定律,在小数运算中同样适用。整数运算中,有关加法运算定律包括加法交换律、加法结合律。为了让学生更清晰地比较"整数运算"与"小数运算"的相同与不同之处,能更好地融会贯通知识,通过设计思维导图,直观地引导学生进行对比。由此,学生感悟到,两者相互的联系:数的表现形式的不同,运算定律规则相同。由此延伸后续的学习,可以设问:在分数加减法运算中是否具有这样的运算定律。拓宽学生对数的运算的真正含义理解。如图5–5所示。

图5-5 "加法运算定律"思维导图

（二）"数与代数"中的教学案例

"数与代数"的学习，知识内容丰富，包括：从整数发展到小数、分数、百分数等；加、减、乘、除运算；混合运算；式与方程等。数的变化规律层次分明，相互联系密切。思维导图法的操作定义中强调的"关键词、逻辑分类、阶层化概念"属于左脑的心智能力，"图像、色彩"归属于右脑的心智能力。若能善用思维导图法，可以兼具逻辑与创意、科学与艺术、理性与感性的发展。学生自己整理、绘制思维导图更能强化学习效果。以思维导图作为学习的辅助工具，将有助于信息从短期记忆转化为长期记忆。若能善用思维导图法，可以兼具逻辑与创意、科学与艺术、理性与感性的发展。

思维导图在"数与代数"中的运用，符合小学生的心理特点，用形象的符号、图像表示类别，用色彩的不同便于区别归类，用逻辑关系整理、比较，绘制知识间的相互联系，有助于小学生提升知识的理解、记忆。并对"数与代数"知识规律的探究、创新有推动的作用；对解决生活中的数学问题，有能动的决策能力。[①]

1. 如何有效运用思维导图

"数与代数"中有关"整数乘法运算定律推广到小数"这一知识，架构整数乘法的运算定律与小数乘法的关系。这一内容体现了整数乘法与小数乘法的不同，更多的是揭示两者间的相互联系。思维导图的绘制能很好地建立这一解读，并帮助学生进行形象思维的静巧记忆。

案例：人教版五年级上册"小数乘法的简便计算"教学片断设计。从整数乘法的简便计算引入。创设情境：六一儿童节到了，总务老师去采购益智拼图，每个拼图 2 元钱，一、二年级共有学生 304 人，一共要花多少钱？实践活动：可以让学生画线段图、画示意图、列式等解决问题，并说明理由。反馈分析：老师根据学生的反馈，整理信息绘制成示意图。示意图如图 5-6 所示。

① 沈超. 小学数学教学"数学化"缺失的分析 [J]. 数学教育学报，2008，17
（4）：90-92.

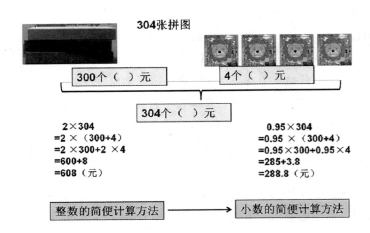

图5-6 "小数乘法的简便计算"思维导图

解法1：$2 \times 304 = 608$（元）

解法2：$2 \times 304 = 2 \times (300+4) = 2 \times 300 + 2 \times 4 = 600 + 8 = 608$（元）

意义理解：300个2元，再加上4个2元，一共是304个2元。

改变情境：老板知道老师要采购304个，告诉老师可以用批发价购买，每个拼图0.95元，这样一共要花多少钱？

学生独立计算，反馈分析。

解法1：$0.95 \times 304 = 288.8$（元）

解法2：

$0.95 \times 304 = 0.95 \times (300+4) = 0.95 \times 300 + 0.95 \times 4 = 285 + 3.8 = 288.8$（元）

意义理解：300个0.95元，再加上4个0.95元，一共是304个0.95元。

比较、联系：观察左右两个算式，有什么发现？

学生思考、解读发现：解法一是一道整数简便计算，解法二是一道小数简便计算。解法一把 304 个分开来算，先算 300 个 2 元，再加上 4 个 2 元，一共是 304 个 2 元。解法二同样把 304 个分开来算，先算 300 个 0.95 元，再加上 4 个 0.95 元，一共是 304 个 0.95 元。

解法一和二的简便计算方法是一样的。都把 304 个分成 300 个和 4 个，分别计算。不同的是，零售的单价是 2 元一个，批发价是 0.95 元一个。整数的简便计算方法在小数中同样适用。

在思维导图中，尝试着用可视化的图像来标示重点，突出"300 个几元，和 4 个几元，加起来有 304 个几元"。借助形象的可视化图像，搭建从整数简便计算到小数简便计算的比对，使得理解记忆变的容易。

"数与代数"中有关"归一问题解决"这一知识，渗透了除法计算与函数思想的变化联系。借助思维导图的直观形象，使得这种抽象的思维得以具体化，更能让学生感受到除法与函数之间的微妙关系，使学生产生一种顿悟。

思维导图将隐藏于思维深处的函数关系，用浅显、形象的图表，直观地表现出来。使得学生能更容易发现知识内在的关系，更能创新思维发展，发现函数隐含着的数量与价钱的变化发展。

思维导图基于记忆的原理，在绘制时，借助于逻辑分类，呈现出因果关系的图，使得思维的语意结构更加精简、清晰、易懂。学生能够在掌握整体概念后，借助于思维导图的构思，比较、了解除法与函数间的联系，从而使大脑主动产生思考、学习的过程，将复杂的函数思想用简单的直观图示来表达。

2. 思维导图运用中的问题

认知活动是大脑重要的信息处理过程，它包括信息的获取、表征化，并转化成知识、知识的分类检索与记忆、知识的推理与运用、知识的创造等心理过程。

思维导图的构思、绘制正是这种认知活动的显性体现，在这一体现过程中发现清晰简洁的支脉，有助于学生理清思路。借助于思维导图，能真正提升学生的记忆能力。简短精炼的词语，有助于大脑的记忆与提炼。在课堂教学中，尝试让学生根据单元知识运用思维导图进行整理分析。情况如下：

（1）只有知识，缺少知识间联系，思维导图更像是知识的板块呈现。虽然在板块知识的介绍下，有算式实例说明，但板块之间的联系，以及这两个板块与整个单元关键词之间的联系，都没有能通过思维导图得以体现。所以，缺少知识之间的联系整理只是一时的板块体现，无法构建相互之间的关联。连接线可以指出不同信息之间的关系，更能整理清晰单元知识间的关系。

（2）只有板块，缺少关键词，核心词语分支不明确，导致学生的整理和复习很难起到联想的作用。整理和复习是数学教学中的一个重要环节，具有容量大、时间紧、密度高的特点。数学知识呈现出一定的规律性，一个单元中往往会包含许多小的知识点。若没有正确的关键词及核心词语，学生会混淆知识点，会降低学习效率。在小学复习课中借助思维导图能帮助学生整理笔记，正确找到关键词，准确清晰地表达自己的思维，形成自己的知识体系，从而对整个单元进行复习和整理，查漏补缺，大大节约学习时间，提高学习效率。

（3）只注重形式，缺少记忆架构。学生制作的思维导图从美工的角度分析，造型卡通，绘制精美。但从思维导图的构图特点分析，过于花哨，内容冗长，关键词不突出，相互联系不明确。学生对整个单元的知识分类还不够清晰。太多的卡通图案，并不是为重点关键词做说明，所以无法将思维导图的作用加以体现。

3. 对思维导图再认识

从以上诸多问题的呈现中，发现思维导图的运用中存在着诸多问题。那么在引导学生绘制一份思维导图时，需要注意思路清晰、关键词突出、知识架构明确，这样有助于学生理解概念、记忆知识、理清关系。

思维导图的关键词需要突出。在思维导图运用中，通过欣赏、对比、反思，逐渐发现关键词的选用，为思维的联想起到推动的作用。关键词的词性、字数与结构的排列组合是思维导图绘制的重要所在。关键词设计的精简、意义突出，那么它所表达的语意，往往更容易让人识记。思维导图的作用是理清思路。

在思维导图运用中，通过让学生们尝试绘制，逐渐发现理清思路是思维导图运用的作用。如果思维导图分支的添加、层次关系不清晰，就很难为大脑自由联想提供必需的依据。绘制者架构一个良好的语意网络结构，不仅能遵循大脑思考的层次，而且可以让人在各个层次间自由地移动、迅速地思考。思维导图有助于理解、记忆。

思维导图的绘制往往是对知识、内容、思维过程的整理、精简、提炼。一般通过思维导图的结构，使得思绪可以发散性思考。在特别重要的知识概念上标注图像，突出重点。用弧度的曲线连接关键词，呈现它们之间的关系。这些构图的要素，都突出思维导图的精简、直观、网络结构清晰。

鉴于以上的实践、分析、思考，将思维导图进行修改、完善。如图5-7。

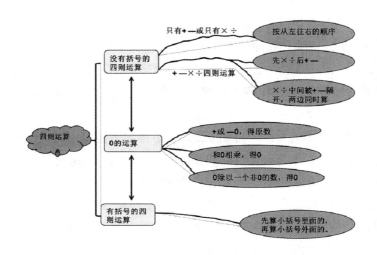

图5-7　修改完善后的"四则运算"思维导图

　　把四则运算思维导图进行修改、完善后，可以从思维导图中发现，四则运算包括没有括号的四则运算、有括号的四则运算两种情况。没有括号的四则运算又分为只有加减或乘除的运算、加减乘除四则运算两种情况。在加减乘除四则运算混合的情况中，有两种不同的运算方式：一种先乘除后加减；另一种乘除运算中间被加减隔开，两边高一级运算可以同时算。有括号的四则运算只要遵守先算小括号里面，再算小括号外面即可。不管是在"没有括号的四则运算"中，还是在"有括号的四则运算"中，都会遇到"0的运算"，所以把它放在两种类别的中间，用支脉连接。

　　"数与代数"作为小学数学教学中课时数最多、内容最丰富的一个板块，同时也是学生从第一学段最早接触的教学内容。所以在运用思维导图进行整理知识、记忆内容时也最容易被大家所接受。在实践运用中，学生绘制思维导图时，暴露出的问题，在后续的对比、理解、修改中加以解决，最终突显出思维导图的优势。

二、在"图形与几何"教学中的探索

(一)"图形与几何"注重发展性和变化性

"图形与几何"教学内容主要包括：图形的认识、测量，图形的运动，图形与位置等。教学内容的发展性，主要突显在两个方面：一是有关图形认识的横向发展，即图形与几何中，各个基本图形的名称、特征、周长与面积的计算等；二是有关图形认识的纵向发展，从点到线段的认识，从线段到面的认识，从面到体的构成，即点动成线，线动成面，面动成体的思维建构过程。这样紧密的发展、成长的过程，在教学时间的设置上历时三年，才能完成。"测量"是建立在图形的认识过程中，需要掌握测量工具的使用、测量数据记录、测量数据的换算等技能。"图形与位置"为后续的实践活动奠定基础，能按照比例进行图上距离与实际距离的换算，会描述简单的路线图等。

"图形与几何"二者教学内容之间有着密切的联系与发展变化的特点。从第一学段有关图形的初步认识，发展到第二学段平面图形的认识，其内涵与外延发生深刻的变化。第一学段只要求学生能认读不同的图形；第二学段是建立在认识线段、角的基础上，建立在测量的技能上，对平面图形具有的特征进行深层次解读与认识。平面图形的特征直接影响着周长、面积的学习，并为后续的相关图形的面积推导奠定基础。思维导图是一种很好的网络架构方式。

在五年级下册学习"多边形的面积"时，将平面图形的面积推导进行复习整理，引导学生回忆并巩固平面图形面积的计算方法，能正确运用合理的方法进行多边形面积的推导，在学生的头脑中，形成知识网络，增强转化的数学思维。

由此可见，"图形与几何"的学习需要建立在前有铺垫、后有延续的基础上，形成系统的从平面图形到立体图形的变化过程。在此基础上，掌握科学的测量技能和识图、画图的基本方法。

1. 以点概面

图形的认识这一板块知识，从学生们熟悉的长方形、正方形，发展到平行四边形、三角形、梯形等四边形，再发展到五边形、六边形等多边形。从纵向发展观察，从一个图形的初步认识，到边的测量、到周长的计算、到面积的推导，渗透着从局部到整体的发展演变，从横向到纵向的发展深入。所以，对重要单元的图形面积整理，对后续融会贯通平面图形面积的推导有着清晰脉络的作用。

直观形象的思维导图，将长方形、正方形、平行四边形、三角形、梯形之间的面积关系，清晰地展示出来。在记忆这些面积计算公式时，先要回忆一下勾画的图形之间的相互关系，以唤起人的思维记忆，明白其中两个难点——三角形的面积计算和梯形的面积计算，因为用同样大小形状的两个图形拼成一个平行四边形，所以三角形面积计算、梯形面积计算都需要除以2。

思维导图通过图式，使形象思维记忆与抽象思维记忆结合起来，能加深记忆，在头脑中形成各个局部的平面图形面积公式。与推导过程中整体面积的根本来源相关联，从整体中发现推导规律，在局部中分清各个图形特征。

2. 注重形态改变的发展

"图形与几何"中图形的运动这一知识，课程内容主要体现的是，能绘制简单图形的平移、旋转和轴对称图形，能从平移、旋转和轴对称的角度欣赏生活中的图案。在立体图形的认识中，设计平面图形运动的想象环节，以此拓展学生的立体图形想象能力、空间感受能力，有很重要的意义。

（二）在"图形与几何"中运用的能力

"图形与几何"的学习，从测量图形的长、宽、高，发展到图形的平移、旋转等运动，引起图形位置的变化；知识内容分散，从点、线、面的学习，发展到立体图形的认识；从静态物体的观察到动态路线图的设计等。知识内容既丰富又分散，小学生的学习历时六年，对知识记忆与运用有一定的局限。在"图形与几何"的学习中操作运用思维导图，同时也是"意象"的需要。意象反映出人脑中非语言符号的形象或意念。

人类思维有三个阶段：活动模式、图像表征模式与符号象征模式。其中图像表征就是一个现象的重现，看起来像一幅画，但具有更深层的含义，并能重现所代表的事物。思维导图在"图形与几何"的运用，即图像表征模式，可架构直观形象与抽象思维的联系。用思维演绎过程整理、比较、绘制，有助于学生化难为易、运用形象思维理解、记忆知识特征；用形象的符号、图像表示图形的类别，用不同的色彩表示图形的周长、面积、体积，用连线表示图像之间的关系、联结，并能主动地探究图形的变化规律，自主地运用思维导图思考问题、做出决策。

1. 建立知识之间的联系

思维导图运用规则之一即图像的表示。在特别重要或关键概念的地方加上图像，以突显重点所在。在重要地方要加的图像，必须能代表或联想到重点内容的含义，这不仅有助于激发创意，更能强化对内容的记忆效果。在图形面积计算中，图像的绘制，既能辅助思维分析理解，又能强化内容的记忆、比较规律的不同。

案例1：人教版六年级上册"圆与正方形面积关系"教学片

断设计。从中国建筑中经常看到的"外方内圆"和"外圆内方"
的设计引入。

提供信息：两个圆半径都是 1 米，分别求出正方形面积、圆
的面积、两者之间的面积。

实践活动：学生操作计算，列表整理信息，同伴互相交流，
讨论发现，反馈分析。见表 5-1。

表 5-1   半径为 1 的圆与正方形面积关系

图示	正方形的面积	圆的面积	面积差	发现
外方内圆	4	3.14	0.85	内圆是外方的 78.5%，两者之间的面积是外方的 21.5%
外圆内方	2	3.14	1.14	外圆是内方的 1.57 倍，两者之间的面积是内方的 57%

改变情境：是不是所有的"外方内圆"和"外圆内方"都有
这样的规律呢？

学生合作探究。反馈例举。见表 5-2。

表 5-2   半径为 2 的圆与正方形面积的关系

图示	正方形的面积	圆的面积	面积差	发现
外方内圆	16	12.56	3.44	内圆是外方的 78.5%，两者之间的面积是外方的 21.5%
外圆内方	8	12.56	4.56	外圆是内方的 1.57 倍，两者之间的面积是内方的 57%

规律探究：圆的半径扩大，正方形面积、两者之间的面积怎样变化？发现什么规律？

横向、纵向比较后发现，不管圆的半径扩大、缩小，外方、内方都会发生相应的变化。但圆与正方形之间的面积比率一定，两者之间的面积与正方形的面积比率一定。圆与正方形面积关系。如图5-8所示。

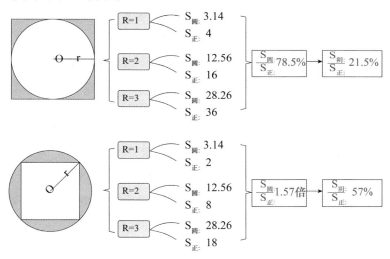

图5-8 "圆与正方形面积关系"思维导图

2. 拓展练习

思维导图是一种从中心主题概念360度向四周扩散思考的可视化工具，博赞称之为放射性思考，其结构就像大自然的树。一张展开的思维导图，围绕中心主题，依靠放射性思考，延伸出很多粗细的支脉，这些从主干延伸出的支脉，即联想思维、创新思维的体现。

"图形与几何"中有关"面积的等积变形"这一知识，运用思维导图的创新特点，可以延伸、变化出丰富的等积变形图形，从而拓宽学生对于平行线之间的图形面积变化的特点探究，创新求变化的平面图形面积的计算方法，使得计算变的巧妙而简单。

案例2：人教版五年级上册"三角形面积计算练习"教学片断设计。从找面积相等的三角形着手。中图是一组平行线之间的两个三角形，能从图中找到哪几对三角形的面积相等？如图5-9所示：

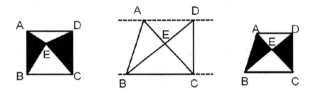

图5-9 梯形、正方形中的三角形

学生独立思考，反馈分析，老师记录。

学生1：△ABC和△BCD面积相等；

学生2：△ABC和△BCD同时减去一个△BCE，余下的△ABE和△CDE面积相等；

改变情境1：如果这两个三角形是在梯形中（右图），那么面积相等的三角形有哪几对？

蝴蝶模型即两个相等面积的三角形减去一个公共部分的小三角形，余下的三角形面积相等。

老师小结：这几组面积相等的三角形有什么共同的特点呢？

改变情境2：在一个正方形中的两个三角形面积（左图），有巧算的方法吗？

学生发现规律：三角形等底等高面积相等。

改变情境3：在两个大小不同的正方形中，求阴影部分的面积，有巧算的方法吗？如图5-10所示。

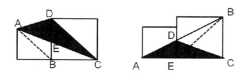

图 5-10　求正方形中的三角形面积

　　从一组平行线之间寻找面积相等的三角形，从这一数学活动着手，在寻找的过程中，充分感悟到平行线之间等底等高的三角形面积相等。然后设计练习，进行创新思维的变化。把三角形融入梯形中，引导学生发现"蝴蝶模型"。把三角形融入正方形中，引导学生发现经过"等底等高"的变形，空白部分的面积能变成一个大三角形。把三角形融入两个正方形中，不管运用的是"蝴蝶模型"，还是"同底等高"的变形，都能把复杂的阴影部分面积转化成简单的三角形面积。如图 5-11 所示。

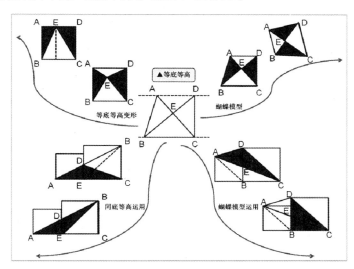

图 5-11　"三角形面积计算练习"思维导图

经过这样的题组练习，学生的创新能力得到极大的激发。复杂的阴影部分面积，只要经过"蝴蝶模型""等底等高""同底等高"等进行转化，都能化难为易，巧妙地计算面积。

3. 在运用中存在的问题

大脑接收信息时有三种方式，分别是视觉、听觉、触觉。65% 的人擅长视觉记忆，小学生在实际参与、亲手实践活动的过程中学习效果较佳。如果能同时将三种接收信息的方式组合运用来学习，信息就能更多地储存在脑细胞中。也就是说，将视觉记忆、听觉记忆和运动记忆三者结合，将更大地提升记忆能力。

"图形与几何"思维导图应注意的问题：

（1）只有架构，没有色彩。思维导图学生已经整理出从主干到支干的架构，并从支干延伸。有关"射线、线段、直线、角"的概念、特点等。存在的问题是缺少色彩的绘制。色彩可以提升阅读理解、记忆能力，所以在思维导图的绘制中，色彩在自然界代表着不同类别的物体或传达不同的信息，不同颜色会让人产生不同的联想，同一类信息使用同一个颜色来画线条、写文字。以一个树状结构来呈现信息内容的类别从属关系或因果推论，从一个主干线条上延伸出若干个支干线条，一个支干线条采用一种颜色表示。这样的归类形式，有助于促进人大脑的记忆。①

（2）只有知识板块，缺少提炼。思维导图将单元内容整理成三大板块，虽然有建构结构的意识，但板块构造呈现块状结构，很难促使思维记忆的提升。存在问题：缺少主干构造，与干延伸，缺少连线架构主干与支干的关系。缺少关键词的提炼，板块的设计，不利于阅读理解和思维记忆。

① 史宁中，娜仁格日乐 . 小学数学教科书中的比及其教学 [J]. 数学教育学报，2017（2）.

（3）只有知识堆砌，缺少思维创意。思维导图将单元内容整理成知识板块的堆砌，缺少图像组织的基本特征。存在问题：缺少组织结构，只有大块的知识内容，缺少关键词的记录，无法整理出概念之间的关系脉络，无法让学习者学得更愉快、更有意义。

4. 对思维导图的再认识

思维导图的运用不是简单的知识板块堆砌，不是绘制一幅美丽的手工小报。需要运用图像的色彩与关键词的提炼，来突显思维导图的板块，需要运用放射性的思考形式，来促进学生的记忆理解，架构概念之间的关系。

图像组织使创意更丰富。图像组织又称组织结构或图解思考，是将概念、语句、符号、图像等元素，在一个空间中展开彼此的关系。图像组织可以将某个主题的各个重要层面重新组合建构出一个新模型，使得想法更明确、更清晰、更有创意地呈现出来。这是思维导图运用中需要注意的一点。

放射性思考促进记忆能力。思维导图的结构性特点是放射性思考。从一个主题出发，以树状结构为主，从一根大树枝长出许多中树枝、小树枝，即延伸出各个支干。这样的结构体现了思维导图的水平思考与垂直思考相结合的特点，更能促使学生的阅读理解与记忆能力。

思维导图进行修改、完善后，教师可以从思维导图中发现，角的度量包括：线段、直线、射线；角的认识；角的度量；角的分类；画角等。这些板块的内容像树的支干一样延伸开来，每一支干又包含具体的几项内容。这些支干用一种颜色表示，不同的支干用不同的颜色绘制，便于知识的分类整理。建议，具体的内容用词可以再精简，用几个字的词汇表示即可。这样便于阅读理解与思维记忆。

"图形与几何"作为几何板块的知识，最大的特点是将形象思维与抽象思维相结合，这也就要求在绘制思维导图时，需要突出色彩与视觉，通过直观形象思维，将抽象思维与形象思维结合，促进知识识记。布局合理的组织图像，促进学生的放射性思考，以此完善学生的知识结构，突显思维导图的绘制特点。

三、在"统计与概率"教学中的探索

(一)"统计与概率"注重分散性和阶段性

"统计与概率"教学内容主要包括简单数据统计过程、随机现象发生的可能性。教学内容主要突显在简单数据的统计：一是如何进行科学、合理的简单数据的收集、整理、描述和分析的过程；二是将数据整理成合适的图表，并能从图表中获得统计信息，解释统计结果，预测和判断事物的发展趋势等。教学内容在编排上，历时三年六个学期，完成共计十五课时的知识探索与学习过程。

在这样的学习背景之下，思维导图的设计为小学生的有意注意、直观形象记忆起到助推的作用。

因为历时较长，而小学生的思维记忆特点、记忆周期较短，人们所学的知识一天后记忆率只有36%，一周后只剩13%。这一学段的学生在掌握知识技能、发展数学思考、解决实际问题等方面，又具有以下特点：有意注意占主导地位；对具体生动、直观形象的事物的注意占优势，对抽象材料的注意在发展；注意有明显的情绪色彩。

"统计与概率"的教学内容时间跨度大、内容分散、阶段性强。第一学段主要进行统计表的认识与学习，在第二学段的学习中，从条形统计图的认识，到折线统计图的绘制，到扇形统计图的解读，时隔两学年整。这样的学习时间跨度，结合第二学段的学生思维记忆的特点，一定需要单元或板块的思维导图架构，才能更好地唤起学生的回忆，为后期的学习进行网络架构。

1. 信息处理的作用

在"统计"板块中，较多的知识来源于生活实际的数学信息，所以需要选择合适的方法，比如调查、试验、测量等，进行数据的收集与统计，以此增加学生意义识记的能力。第二学段的学生年龄在 10～12 岁之间，这一年龄段的学生有一定的知识经验，抽象逻辑思维能力正在发展中，对学习材料有一定的理解，能进行必要的信息加工，所以在思维记忆方面正是有意识记忆逐渐占主导地位，在学习活动中运用意义识记的能力逐渐发展。

运用思维导图所要记录与呈现的内容是陈述性记忆的范畴。陈述性记忆，属于有意识的回忆，是生活中的经验和事件，以及学习来的知识。在运用思维导图时，将"统计数据的收集"这一实践过程充分展开，让学生在数学活动中，充分地感受到活动的目的、活动的过程、活动的结果。这样的思维导图，对于信息处理后的记忆有充分的助推力。

鉴于这样的思维特点，在统计中，信息的收集与处理、理解与记忆，能够在合适的数学活动中进行，将对学生的阅读理解、思维记忆有很大的促进作用。

2. 记忆层次论的注重

"层次论"强调信息如何被接收。大量无变化的重复对记忆没有帮助，新信息必须先强调特殊重要性、与现有知识建立联系、赋予意义、强烈的情绪联结，之后再经常复习，才能有效成为长期记忆。

在运用思维导图时，将"几类不同类型的统计图"进行类比，通过不同的色彩绘制，突显各自的优点，向人们的大脑传递不同信息的感受，以此区分和理解。在不同情境中，选择不同类型统计图的作用，由此促进思维记忆。

在思维导图的设计中，融入五官感觉、发挥想象力、建立有意义的链接，是将短期记忆转化成长期记忆的有效"方式"。思维导图能透过色彩传达人们对信息的感受性，并以图像对内容的重点概念做出有意义的联想。

（二）在"统计与概率"中思维导图运用的能力

"统计与概率"的学习，因为学习所跨时间较长，小学生的思维特点显示，容易遗忘。所以在数据收集、处理、理解、记忆等过程中，应尽可能让学生充分地体验思维导图的运用。也正是要通过概念的比对，促进学生巧记忆；通过思维导图的绘制，促进解决问题的巧妙创新；通过思维导图的直观展现，促进学生主观能动的做出决策的能力。

1. 帮助学生做出有效判断

思维导图用不同颜色的荧光笔标示不同属性的重点，以插图强化重点所在，以及重点内容代表的含义。在学习"统计图"的对比与特点认证时，运用思维导图进行知识整理、比对，不仅能直观、清晰地比较出条形统计图、折线统计图、扇形统计图的优势，而且能形象地帮助学生记忆运用该统计图的情境。

2. 解法"由繁化简"

思维导图在通过创造一些新的概念框架，推动创新思维。思维导图能运用到各种与创造力有关的技巧、想象力、联想与变通力等方面，因此是一种非常棒的创意思考工具。

在"统计"中，有关平均数问题的解法，在实际生活中包含着很多种解法，其中不乏非常巧妙与简便的解法。但在一般的数字影响下，学生很难激发思维的灵感，构思这些巧妙的解法。而运用思维导图，在图式的作用下，这些巧妙的解法就非常形象、生动地出现，而且非常容易为学生所理解、接受。

平均数解题方法常规的思路是，将所有的数量加起来，除以个数。但有条形统计图的出现，给了学生直观、形象的依据。学生可以根据图式，发挥想象力，即通过移多补少来求得平均数。借助思维导图，概括出关键词——常规求法、找标准数、移多补少，就能促使学生创造新的解法。

3. 对思维导图的再认识

思维导图用于决策。这指的是，思维导图可以将项目内部的诸多信息展现，促使人们集中精力，针对需要解决的问题，运用信息提出解决策略，做出相应的决策。

在小学数学"统计与概率"的学习中，运用思维导图会发现，做出决策变得容易。学生统计出来的数据，要进行后期的数据分析、对后期发展的预测。把自己融入问题的情境中，并以关键词的方式思考，将重心放在需要解决的生活问题中，通过寻找解决问题的信息，发散思维、拓宽思路。这就需要学生能运用思维导图法对图像、数据进行分析、处理。发现解决问题的资料，再将思维聚敛，选择能够解决问题的信息做出分析与判断，并整理成思维导图。

针对处理信息的环节，也能从思维导图的信息中，寻求解决的方法。"统计与概率"中运用思维导图，其根本是引领学生分析问题、寻求解决问题的方法，促使学生最后能做出科学、合理的决策。

四、在"综合与实践"教学中的探索

(一)"综合与实践"注重操作性和实践性

"综合实践"教学内容主要是让学生经历有目的、有设计、有步骤、有合作的实践活动。结合当前生活实际情境，在活动中体验、发现、提出问题，能够运用数学信息分析和解决问题的数学活动过程。在这一学习过程中，学生通过生活实践的应用和实践活动的反思，理解知识、掌握技能、了解知识间的关联，获得数学活动的经验。

"综合实践"这一板块的内容在第二学段最主要的是突出综合性和实践性两大特点。主要突显的是引导学生感悟数学思想，在实践中积累数学活动的经验。数学思想是在数学知识的掌握、数学方法的抽象与概括的基础上，需要学生在积极参与的数学活动中，独立思考、协同合作，去逐步感悟的。思维导图的运用为数学思想的感悟搭建了思维的桥梁。

思维导图的设计，就是这种有效的数学活动经历的体现。创设实际生活情境，引导学生体验、发现问题，筛选信息，确定合适的研究问题，设计解决问题的方案，选择合适的研究伙伴，逐步积累解决问题的方法，最终呈现实践研究成果。这是一个思维发生、发展、成熟的清晰过程，运用思维导图来展示，既能体现操作流程的科学性，又能建立解决问题的实践模板，实现思维导图的价值。

"综合实践"的重要目标是帮助学生积累数学活动经验，数学活动的设计注重结合实际生活中的具体学习内容，设计切实可行的、有效的数学探究活动，使学生充分地经历数学思维的发生、发展过程，从而为学生积累丰富的数学活动经验。

1. 注重思考问题的系统性

在"综合实践"板块中，需要进行研究、解决的问题本身就来源于生活实际。这些问题，不仅单纯地是一个数学问题，更需要经过教师的讲解后，学生能主动地去思考，提出解决的策略与方法，并为此设计一个系统的解决方案。这个系统的解决方案，就是树状的思维导图。它是一种树状结构为核心，展开多层次或者多方向的分析方法。这一树状结构有系统性、有逻辑联系，着重问题的分析，设计问题的改善与解决，将解决问题的方法作为树状的支脉展开。

思维导图围绕树状的核心问题，再配合图像、颜色，将问题进行分析、提出解决策略，绘制在一张图中，使得问题一目了然。解决问题的信息集中于此，掌握相互之间的关联，分析得出可行性的建议方案，最后做出决策，形成一种系统的思考问题、解决问题的方法。

2. 注重分析问题的双向性

双向分析问题即提出数学实践问题，解决这一问题有两个不同的解决策略。每一种策略都有自身的优点和缺点，然后根据数据分析的结果，对每个策略的优缺点进行综合评价，比较之后做出选择。在"综合实践"板块中，解决问题的方法还有多重选择，不局限于一种思路、一种解决的策略。也就是说问题解决的策略多样化，解决的途径更为丰富。这就体现出思维导图双向分析问题的特点。

"综合实践"问题往往可以提出丰富的解决策略，比如 A 方案，或者 B 方案。思维导图将核心问题的解决作为树状结构，若干方案的提出，作为从主干延伸的支脉，从这一支脉延伸出各种解决方法的优缺点，最后从若干个解决策略中，选择合适的解决方法。①

（二）在"综合与实践"中思维导图运用的能力

"综合实践"的学习，往往结合这一学段的数学知识技能，作为一个延伸、拓展的内容，提出一项综合实践的活动项目。以学生个人或者小组合作等不同形式，展开实践、进行研究、收集素材，在这一过程中，提升学生发现问题、分析问题、解决问题的能力。

1. 对数学知识进行类推

针对需要解决的问题，构思思维导图时，应通过实践步骤的设计、操作实践的体验、记录相应的信息资料、后期整理比对，来设计相应的解决问题的策略步骤。在"综合实践"中，有关测量的知识，运用思维导图进行难点知识的具体操作、实践，通过思维导图关键词的提炼、图像的说明，能帮助学生深刻记忆知识难点，获得类推知识的能力。

思维导图在运用形象思维记忆法设计空间位置的具象与变化，帮助第二学段的小学生建立直观形象的记忆。可见，在这一思维导图的记忆过程中，充分调动了学生的视觉记忆、运动记忆。

2. 在运用中解决实际问题

思维导图可以帮助学生整理复杂信息，分析相互之间的关系，将各个问题与知识点梳理成一张简洁、清晰的数形结合式思维导图。在"综合实践"中，有关现实生活中的一些数学问题，往往融合逻辑推理知识，仅用普通的分析方法很难表达清楚。不同的思维会有不同的结果，通过思维导图的提炼、符号表达，能

---

① 孙俊勇，苏桂芹. 让"阅读"成为小学数学教与学的新方式 [J]. 中国教育学刊，2012（s2）：314–315.

帮助学生深刻理解思维难点。这时运用思维导图进行难点的具体操作、实践分析、关键词记录，能够明显提高学生解决实际问题的能力。

这一综合实践的内容，用语言或者文字来表达实验、推导的过程，就非常烦琐抽象。而运用数形结合式思维导图，就能非常简洁、清晰地解决实际问题，这充分体现了思维导图在运用中的实效性。

3. 在运用中存在的问题

"综合实践"的学习，有别于"数与代数""图形与几何"的教学内容，它注重的是在数学实践中，能主动地选用各种方法，通过各种数学技能的运用，展开数学思维的过程，寻找到解决数学问题的策略。思维导图的运用就是为了让学生能灵活地选用方法，巧妙地解决问题。在思维导图的运用过程中，有关"综合实践"的思维导图运用，学生不仅需要具有根据问题选用合适的方法、搭建思维探索的平台、开创新颖巧妙的思维导图、提升解决问题的能力，还需要有较高的文本阅读理解的能力。

体现数学计算的味道浓厚，但缺少思维的过程性、分析的直观性，缺乏空间想象能力的学生对此统计结果，仍然是茫然的，更谈不上思维导图的运用后，给学生的创新思维。这也是提纲挈领式思维导图的弊端所在，它能呈现概念的结果，但无法体现思维的过程性和后期的发展性变化。

4. 对思维导图的再认识

在"综合实践"中，数学规律的探究最能体现这种联想脉络的构图，通过对比"3厘米""4厘米"正方体各种不同涂色块数的数量，能感受到涂色变化的规律。数形结合式思维导图，就是来源于生活实际的综合性问题的体现，借助形象的图式，进行具体的实践分析，发现这一模块的特点、规律，并以此为实践探索的本质，在此基础上，运用思维导图，开展模拟联想，有助于拓展学生思维，类归数学问题。

"综合实践"中运用思维导图，其根本是引领学生巧妙运用方法，解决生活实际问题，并在这一过程中，能借助数形结合式思维导图的特点，寻求解决问题的方法，并能类推问题，创新解决策略。

第三节 小学数学教学中有效运用思维导图的步骤与框架

一、有效运用思维导图的绘制步骤

通过在小学数学各领域中运用思维导图的实践探索，教师们发现，有效运用思维导图可分为以下几个步骤：

（1）数学知识要进行有效的整理。数学思维导图有四种类型：主题发散式、提纲挈领式、流程选择式、数形结合式。[①]小学数学第二学段的数学内容较第一学段更为丰富，一般分为"数与代数、图形与几何、统计与概率、综合与实践"四大板块，各个板块下面又设有丰富的单元知识、课时内容等。

（2）课堂教学要进行分享交流。将小学数学学习内容选择适用的思维导图来展示，尝试开始在课堂教学中指导学生怎样分析内容，建构网络状关联；指导学生怎样读懂一份思维导图所传达的信息，怎样将关键词绘制到思维导图中，并注意观察学生的学

---

① 汤春燕．典型错题库：小学数学教学新资源 [J]. 上海教育科研，2015（5）：80–82.

习效果，后期针对个体进行个别指导等。

　　课后注重学生的思维导图作品展示，给予学生互相交流、学习、沟通的机会与平台。在课前，让学生通过欣赏同龄人的思维导图，对构图有初步的认识，便于后期自己在选用类型、构图版面设计等方面有更好的选择方向。

　　（3）逐步形成构思绘制思维导图的能力。学生在欣赏思维导图后，结合所学习的内容，老师设计一些思维导图的绘制任务。让学生尝试着自己独立绘制。这样的作品可能是有知识遗漏的、可能是粗糙的，可能是不美观的，但在尝试的过程中，引导学生思考：怎样设计关键词；根据数学课时内容或者单元内容，分哪几类；是并列关系设计，还是发散状设计，还是流程式设计；这些不同类别的内容，是否需要用不同的颜色与形状来表示。

　　学生在尝试的过程中发现需要解决的问题，然后开始思考，怎样的思维导图能绘制出清晰的思路，能绘制出相互的关联，能让学生们更容易记住这些知识。对发现运用思维导图的功能和作用的学生绘制的思维导图进行一次展示、评比、鉴赏。

　　（1）展示，是让每个学生都能看到同伴对相同的课时内容绘制出不同的思维导图。

　　（2）评比，是让每个学生在同伴作品的欣赏中，能主动地评判出谁的作品更有助于学生们的理解、记忆知识。

　　（3）鉴赏，是让获奖的学生能来一次作品解读，将自己绘制的思维导图介绍给每一名同学。尤其在鉴赏的过程中，获奖的同学在解读作品时，事实上把这幅思维导图的功能、作用做了一次介绍。同伴间的鉴赏，让学生的思路再次得到不同方式的拓展，学生在取长补短的学习状态下，将会越来越清晰各个思维导图的功能。

二、有效运用框架

思维导图在小学数学第二学段中的实践运用，经过探索，分为三个阶段，从引导学生读图理解能力的培养，到指导学生绘图分析能力的培养，最后使学生具备能以各种形式思考的数学素养。这三个阶段同时赋予学生三大能力：辅助学生理解记忆的能力、创新设计思维导图的能力、解决问题时的决策能力。

第一阶段：读图理解能力培养。老师在教学过程中，针对课时内容、单元内容，进行思维导图的绘制，并引领学生读图、理解，适当补充练习。教师通过运用符号、颜色、图像、文字等多种信息，将数学知识以图文并茂的形式，进行整理、复习，使得第二学段的学生对小学数学知识体系有初步的了解。并通过这样的形式，利用色彩、文字、图示等方式，不断地刺激学生的思维认知。

第二阶段：绘图分析能力培养。在小学数学第二学段的学习中，在运用思维导图整理的过程中，逐步指导学生对典型课例内容、单元整理内容，进行必要的知识整理，引导学生设计有针对性的练习题，以此帮助学生进行自我整理、自我复习的学习管理。同时针对现阶段解决问题的复杂性，适当地将思维导图拓展到各种图示的绘制，为后期学生各种形式的思考奠定基础。

第三阶段：各种形式思考培养。在小学数学第二学段的学习中，学生的读题分析能力、理解思考能力、独立解决问题能力，正在迅速茁壮成长。尤其是六年级的学习内容，从简单图形，发展到组合图形，从统计知识发展到概率问题，从简单问题发展到复杂问题，用未知数解决问题等；从原本的整数、小数计算，发展到分数、百分数问题解决。知识内容难度系数的变化，解决问题内涵的复杂变化，为各种形式思考的培养提供必需的外在因素。这一阶段的学生，大脑思维正在迅速发展，各种综合解决问题的能力，亟需以合理的途径去培养和发展。所以综合内在与外在的因素，从思维导图出发，掌握拓展延伸各种图式的分析思维方法成为学生必须具备的能力。

第四节　小学数学教学中有效运用思维导图的策略探讨

　　思维导图在小学数学第二学段中的实践运用在课堂上的实践步骤分为"三阶段，三时段"，各有侧重进行。见表5–3。

表5–3　第二学段中实践运用思维导图的实践步骤

三阶段＼三时段	课前	课中	课后
第一阶段 读图理解能力	欣赏思维导图，环境影响	运用思维导图，指导学生系统理解	尝试绘制思维导图
第二阶段 绘图分析能力	绘制思维导图，进行学情前测	渗透各种图式分析方法	独立解决问题，尝试运用各种图式
第三阶段 各种形式思考	运用思维导图，整理单元内容	针对个体的思维导图，进行修正	针对思维导图中暴露的问题，进行相应的练习设计

一、进行学情前测，突显科学性

第二学段初始，开始着手对学生进行思维导图的读图理解能力培养。在读图的过程中，进行学生学情前测，了解学生知识的脉络是否清晰、知识的结构是否完整、知识是否有遗漏点。从中发现学生的学情，并针对学情展开后续的复习整理课，有效补充学生的知识遗漏。

学习情况前测，暴露知识缺陷。运用思维导图进行学生学习情况前测，了解学生知识缺陷，老师整理板块，帮助学生理清知识脉络。这种从问题出发到问题解决的教学策略，充分体现数学教学的科学性。

整理板块，理清知识脉络。针对学生思维导图中暴露的知识缺陷，老师在复习整理单元的设计中，开始有目的、有意识地设计相应的练习，帮助学生弥补知识的缺陷。在教师教学过程中，如果发现学生对整理板块模糊，各个层次间的关系分类不清，老师应根据学生的反馈，进行思维导图的板块整理。

从单元学习的内容修改，整个分支分成五块内容。再从每一分支进行下一层次的细分。各个层次配上不同的颜色与图像，作为区别。最后呈现修改后的作品，汇总思维导图的制作。思维导图的构图是结构的体现，可以是并列关系，也可以是包含关系等。思维导图中，可以用符号表示数量间的关系，可以用一种颜色表示一条支脉，可以用图像表示内容，可以用文字进行必要的提炼。构图清晰，板块分明，再配上符号、颜色、图像、文字等形式，可以更加直观地理清知识间的脉络关系。

二、展示生成过程，突显思维性

运用思维导图对学生进行绘图分析能力的培养。在绘图的过程中，充分展示每名学生的数学思维生成过程，由此了解学生的知识结构、知识间的相互关系、思维生成的走向。绘制思维导图时，从中发现学生的思维特点，并针对学情进行后续的指导，帮助学生架构知识认知地图。绘图分析能力的培养，重点在课上引导学生对不同思维导图作品的分析与认识。从不同学生的作品中，认识到绘图的技巧、方法等。同时在对多幅思维导图作品的比对中，能更加优化出清晰的数学发散思维。

展示学生思维生成过程。从不同的思维导图中，教师能发现每名同学的思维生成有所不同。有的更为清晰，有的需要调整，有的发散丰富，有的分支过多。思维导图能充分反映每一名学生的思维生成过程，能洞悉他的思维发展方向。[①]

构建清晰数学思维发展。每个组根据课上的讨论、设想来进行思维导图修改绘制，开始进行第一层次的分类、第二层次的分类绘制。从学生小组的讨论中，能发现一幅清晰的思维导图，不仅能整理清晰本单元的知识内容，而且能把大家的思考展现在图中，便于后期的复习、回忆、运用等。运用框架、颜色、图形等，进行整理、构图，最后呈现思维导图。

主题发散式思维导图呈发散状，主要的关键词分布在核心主题四周，作为核心主题的第一层次。根据学生的思维发展，每一关键词的第二层次，又分别包含不同的内容。这些内容借助分支，建立与核心主题的关系。同时分支充分体现了每名同学的思

① 王文英.数学对话在小学数学教学中的运用 [J]. 上海教育科研，2014(11)：92-94.

维走向，这些分支的延伸，采用不同的颜色、不同的图形，直观分出他们的关系。

以核心关键词为主题，构建四个层次的关系，最后通过韦恩图将几个类别的关系再次进行梳理、联系，不仅从横向展示特征，而且从纵向展示他们相互之间的关系，清晰地展现数学思维的发展。

三、关注个体学生，突显有效性

思维方法是人们正确进行思维和准确表达思想的重要工具，在科学研究中最常用的科学思维方法包括归纳演绎、类比推理、抽象概括、思辨想象、分析综合等。数学思维导图的运用，旨在为学生构建起形象思维和抽象思维的平台，能通过这样的思维呈现，引导学生在解决数学问题时，主动地运用各种数学方法，有效解决问题。

关注每一个学生的收获。通过画示意图等实践操作，引导学生寻求"最省时的打电话"方案，让学生亲身经历解决问题的全过程。通过实践操作、画思维导图、填表格等方式引导学生发现"打电话"的规律，思考在现实生活中，同类问题的规律，同时促进学生的数学思考能力、分析能力和归纳演绎推理能力。

精简思路有效推理。老师将学生的各种解题方法展示出来，同学们分析、比较、讨论，老师引导如何精简这些解题思路，使得数学规律能突显更清晰，让学生有效地进行数学问题的推理。从思维导图到数据统计，从形象表达到抽象提炼。

运用数学思维导图关注每一个学生的收获，展示每个学生的思维方法，使学生感悟到数学与生活的联系、思维导图与数学规律的联系。培养学生运用数学思考的习惯、运用数学方法解决实际问题的能力。从中精简、实践最直接最有效的方法，助推学生探究规律，突显数学教学的有效性。

四、丰富数学体验，突显生活性

运用思维导图，结合实际生活情境，老师引领学生经历有目的、有设计、有步骤、有合作的实践活动。在这一活动的过程中，让学生能充分体验，发现、提出问题，分析和解决问题，以此了解所学知识之间的联系，获得数学活动的经验。

设计丰富的数学情境体验。数学教学的本质就是运用数学知识解决生活实际问题。在综合实践活动中，结合生活实际问题，设计丰富的数学情境体验，让学生在探究的过程中，既能运用数学知识进行计算、估价，又能解决生活实际问题，真正体现数学学习的价值所在。

架构数学与生活的紧密性。数学中很多知识都来源于生活，即生活中的数学问题。如何用数学知识解决生活中的问题，是数学教学的目标之一，即人人都能获得良好的数学教育，不同的人在数学上得到不同的发展。在"综合实践"活动中，结合丰富的数学情境体验，让学生在思考、分析、判断中，解决生活问题。[①]

同样，在实际生活中，需要解决的数学问题很多，运用思维导图，架构解决问题所需的要素，进行问题的分析、探讨，针对各个要素，进行优缺点的对比筛选，或者进行几种方案的预算，最后根据实际情况，做出相应的决策。

思维导图的运用，在数学与生活的联系中，起到了纽带的作用。既能直观、形象地展示解决问题所需的各个要素，又能有效

---

① 王珍，李祎．小学数学教学"教什么"[J]．教学与管理，2014(5)：30-33.

针对问题，提出各种解决方案。思维导图的运用，更能体现数学教学的生活性。

五、融合数学方法，突显策略性

思维导图能让大脑接受一系列复杂而又相互联系的信息，问题的重点一目了然。它能给大脑带来一个事先构造好的框架，确保所有相关的因素都被考虑进去。它将内部的决策过程清晰地反映出来，帮助人们把精力集中在与决策相关的所有要素上面。

尤其在"图形与几何"方面，图形规律的探究过程，就是一个信息要素收集、思考、尝试、否定、再尝试、再否定的过程，直至做出决策。运用思维导图融合各种数学解题方法，运用图示法、列表法等探究问题，运用流程选择式思维导图展示，为学生提供解决问题的多样性选择。

融合多样的数学方法。运用思维导图解决数学问题，可以促使学生运用多种数学方法来解决数学问题。学生们熟悉的列表法、图示法，都可以结合在流程选择式思维导图中，便于学生从多种方法中，选用合适的解决问题策略。

搭建问题解决多样性。运用流程选择式思维导图将问题的数与形相结合，将学生探究过程进行判断演绎，对很多学困生是一种很好的思维指导方法。这些学生的共同点是，在规律探究时，缺少方法，不会根据信息的演变，进行合理的调整。在流程选择式思维导图中，可以清晰地看到，第一次的规律尝试，在进行验证时，发现规律得出错误，随即进行调整，经过几次这样的经历，给予学生方法探究的过程性指导，有利于学生进行问题解决的决策。运用流程选择式思维导图可以融合多样的数学方法，帮助学生选用合适的判断依据，进行图形数据的规律探究。使得遇